Heiko Hansen

MOTIVDYNAMIK
KONFLIKT

Persönliches Ergebnis von

_____

Datum: _____

Der Charakter offenbart sich nicht an großen Taten;
an Kleinigkeiten zeigt sich die Natur des Menschen.

Jean-Jacques Rousseau

Ohne Leiden bildet sich kein Charakter.

Ernst Freiherr von Feuchtersleben

Bibliografische Information der Deutschen Nationalbibliothek:
Die Deutsche Nationalbibliothek verzeichnet diese Publikation in der Deutschen Nationalbibliografie;
detaillierte bibliografische Daten sind im Internet über http://dnb.dnb.de abrufbar.

© 2019 Heiko Hansen

Herstellung und Verlag: BoD – Books on Demand, Norderstedt

ISBN: 978-3-7494-7936-8

Was Mentalitäten zu Konflikten motiviert

Immer wieder erleben wir Konflikte. Mit uns selbst, mit anderen, mal kürzer, mal intensiv und lang. Wir streiten um Interessen und Ziele, um Werte und Überzeugungen, um Sympathien und Erkenntnisse. Zeitverständnisse und -gefühle lassen uns in Konflikte gehen, wie schnell oder langsam, pünktlich oder unpünktlich. Ob wir Nähe mögen oder lieber auf Distanz bleiben. Ob wir intro- oder extrovertiert Erlebnisse initiieren, uns entscheiden oder bewerten. Konflikte werden und sind unterschiedlich motiviert, werden verschieden ausgelöst und geführt. Auch unser Charakter (Mentalität), unsere Erlebnisse und Prägungen wie auch unsere Eltern als erste Konfliktvorbilder beeinflussen unsere Art und Weise wie wir auf Situationen eingehen und sie regulieren.

Insgesamt dient alles nur einem Ziel: Überleben. Dafür dient die Charakterentwicklung aus

- drei Basismotiven (Konfliktmotive),
- drei Regulatoren (Konfliktsteuerung) und
- neun Mentalitäten (Konfliktpersönlichkeit + typische Muster).

Sie sind eingeladen in einem Selbsttest Ihre eigene Konfliktmentalität zu erforschen. Dabei geht es nicht um richtig oder falsch, sondern um die persönliche CHANCE aus Erkenntnissen über Motive und Muster, sich selbst besser zu verstehen.

EINSCHÄTZUNG **MOTIVDYNAMIK**

Zuerst und bevor Sie weiterlesen schätzen Sie bitte 108 Motive spontan und zügig ein.

1 heißt: Trifft auf mich überhaupt nicht zu.
6 heißt: Stimmt zu 100% auf mich zu.

Die Zahl bitte in das graue Feld eintragen.

Es fällt nicht immer leicht, ehrlich zu sich selbst zu sein, versuchen Sie es trotzdem.
Umso genauer und objektiver wird Ihr Motiv-Profil. Dabei gibt es kein schlechtes,
nur ein persönliches Profil und Selbstwahrnehmung.

Meine Motiveinschätzungen:

1	Ich mag es gerne harmonisch und partnerschaftlich.
2	Ich brauche das Gefühl, gebraucht zu werden.
3	Ich bin klug und eigne mir gerne Wissen an. Wissen ist Macht.
4	Negatives kann ich gut in Positives umdeuten.
5	Ich habe eine gewisse Sehnsucht nach Vertrauen.
6	Ich reagiere schnell zornig und fluche, wenn etwas nicht gleich funktioniert oder wenn ich in einer schwierigen Situation bin.
7	Gefühlen kann man nicht trauen. Eine sachliche Betrachtung und Beobachtung liegen mir mehr, daher kann ich meine Gefühle abspalten.
8	Erfahrungen sind mir wichtiger als Erfolg.
9	Menschen sollten etwas Besonders an sich haben und sein. Man sollte zur Elite gehören.
10	Projekte sind für mich oft wichtiger als Menschen. Mein Tag ist mit vielen Aktivitäten verplant.

11	Ich mag einen guten Kampf und Herausforderungen. Das reizt mich.
12	Oft unterdrücke ich meinen Ärger. Neige dann zu trotzigem und passivem Verhalten.
13	Erfolge, Status und Belohnungen haben durchaus einen Stellenwert in meinem Leben.
14	Ich kann nur schwer Nein sagen, und halse mir oft zu viel auf.
15	Unter Stress reagiere ich beunruhigt und voller Zweifel. Alles sieht dann für mich kompliziert aus.
16	Ich versuche oft, mich selbst besser zu verstehen. Bin manchmal von mir selbst sehr enttäuscht.
17	Ich bekomme, was ich möchte und erledige die Dinge gern auf meine Weise.
18	Ich brauche Freiraum und liebe die Ruhe/Einsamkeit, um nachzudenken und eigene Energien aufzutanken. Ziehe mich deswegen gerne zurück.
19	Oft erahne ich, was in anderen vorgeht, bevor ich es ausspreche.
20	Ich bin gern mal theatralisch-dramatisch im Verhalten und beschäftige mich viel mit dem eigenen Sein.
21	Ich habe gerne Spaß im Leben und vermeide Schmerz und Langeweile.
22	Ich habe oft und gerne Recht.
23	Auch im Urlaub bleibe ich richtig aktiv und zielorientiert.
24	Ich sage gerne "Ja, aber ..."
25	Ich bin neugierig, an vielen Dingen interessiert und abenteuerlustig.
26	Ich finde es schwierig, das Gute im Fehlenden (was ich nicht habe) zu sehen.
27	Ich erwarte in meiner Partnerschaft, dass ich der Mittelpunkt für meinen Partner bin. Ich mag es, wenn mein Partner macht, was ich gerne möchte. Dafür kann ich gut schmeicheln und sanft manipulieren.

28	Ich stelle viele (unangenehme) Fragen. Ich hinterfrage alles. Kreuzverhöre sind mein Metier. Klopfe alles auf den wahren Inhalt ab.
29	Gerechtigkeit, Fairness, Respekt und Wahrheit lebe ich und sind mir sehr wichtig.
30	Die Wirklichkeit, die Welt empfinde ich oft als aufdringlich. Ich mag kein distanzloses Verhalten.
31	Es fällt mir leicht Nein zu sagen.
32	Manche sagen, ich wäre träge und man muss mich anschubsen.
33	Im ersten Kontakt zu Menschen bin ich eher zurückhaltend und abwartend.
34	Alleinsein ist für mich schwierig. Ich bin nicht gerne allein.
35	Ihre latent misstrauische Grundhaltung macht Sie unsicher und zögerlich.
36	Schwäche gebe ich ungern zu. Man muss im Leben immer stark sein und sich wehren können.
37	Das Leben hat etwas Schicksalhaftes (Romantik).
38	Ich bin ein sehr guter Ratgeber, Tröster und Zuhörer.
39	Ich beantworte Fragen meist knapp und präzise, ohne viele Worte.
40	Ich bin ein guter Vermittler und Friedensstifter.
41	Ich bin ein Perfektionist und mache ungern Fehler. Will alles richtig machen und dass es richtig und ordentlich gemacht wird.
42	Führungspersonen sollten mit hohen fachlichen, moralischen und sozialen Kompetenzen ausgestattet sein, sonst verlieren sie bei mir an Autorität und Respekt.
43	Ich habe viele Interessen und bin in vielen Projekten aktiv.
44	Die Dinge sollte man auf sich zukommen lassen. Vieles regelt sich von allein.
45	In schwierigen und sehr kritischen Situationen wirke ich unterkühlt/kalt, unpersönlich und erhöhe den Druck.

46	Ich vergleiche mich oft mit Anderen (Neid). Das Eigene erscheint mir eher blass. Ich habe dann den Eindruck, dass mir etwas Wichtiges fehlt, was andere haben.
47	Ich treffe meine Entscheidungen gerne selbst.
48	Im Allgemeinen gehe ich den Weg des geringsten Widerstandes.
49	Ich bin ein sehr guter Beobachter und denke gerne lange über Dinge nach, ohne sie umsetzen zu wollen.
50	Ich bin guter Kritiker. Mir fällt schnell auf, was falsch ist und nicht in Ordnung ist.
51	Ich werde wütend und taktlos, wenn ich auf Unfähigkeiten stoße, die den Erfolg gefährden.
52	Ich kann nur schwer meine Bedürfnisse nach außen vertreten.
53	Ich bin geizig im Umgang mit Menschen und in der Kommunikation. Ich bin lieber allein als mit anderen Menschen zusammen. Oberflächliche Konversation langweilt mich.
54	Ich werde schnell dominant, aggressiv und impulsiv, um Bedrohliches abzuwehren. Man muss sich in der Welt durchsetzen.
55	Ich denke gerne über mein Leben (Arbeit, Beziehung, Freundschaft etc.), manchmal auch sorgenvoll, nach. Wie es perfekter sein könnte.
56	Ich bin zuverlässig, loyal und sicherheitsorientiert.
57	Andere sagen, ich sei oft unsensibel, zu aufbrausend und zu direkt.
58	Ich mag Routinehandlungen und Gewohnheiten.
59	Ich mag Kompetenz, Produktivität und Effizienz.
60	Ich werde gebraucht. Die anderen sind auf meine Hilfe angewiesen.
61	Vergeltung ist ein Thema, wenn ich verletzt werde oder hintergangen wurde.
62	Ich träume in schlechten Zeiten von einer besseren Welt.
63	Man sollte an etwas Besonderem arbeiten. Mit Kreativität und besonderen Fachleuten.

64	Ich denke gerne über Verbesserungen, Optimierungen und Reformen nach.
65	Ich kann unter komplizierten Gegebenheiten gut planen.
66	Ich bevorzuge vertraute Situationen und verabscheue ein Umfeld mit großen, überschwänglichen Emotionen.
67	Es ist gut, wenn es ruhig und langsamer zugeht.
68	Ich passe mich oft an.
69	Andere sagen, ich rede schnell.
70	Ich bin sehr gerne kreativ, künstlerisch tätig, suche darin mein Selbst.
71	Ich verfüge über eine große Sensibilität und fühle mich von Schönheit, Sexualität, Tod, Intensität und Melancholie angezogen.
72	Ich bin manchmal ängstlich und wage es nicht aus Normen auszubrechen.
73	Ich drücke meinen Ärger sofort aus. Manchmal wirkt es zerstörerisch, da ich mich nicht mehr zurückhalten kann.
74	Die Welt gehört den Erfolgreichen. Leistung und sich Vorwärtsbewegen sind sehr wichtig.
75	Ich beobachte gerne und kann gut schweigen.
76	Ich habe ein Problem mich selbst zu behaupten und eigene Motivationen zu entwickeln.
77	Für ein positives Image und Prestige unternehme ich viel. Ich bin schätze Menschen mit einem positiven Image.
78	Ich provoziere gerne. Auch um zu sehen, wie stark der andere ist.
79	Deins ist deins. Meins ist meins.
80	Ich stelle meine eigenen Bedürfnisse schnell zurück, wenn jemand meine Hilfe braucht.
81	Ich bin ein ausgesprochenes und loyales Teammitglied.
82	Ich bin ein Minimalist und kann mit sehr Wenigem auskommen und überleben. Weniger vereinfacht alles.
83	Ich finde es nicht schlimm, wenn man mal zu spät kommt oder Zusagen nicht (ganz) einhält.

84	Eine Führungsperson sollte machtvoll, dominant sein und sein Territorium kontrollieren.
85	Ich bin schnell ungeduldig und nehme die Sache lieber selbst in die Hand.
86	Typisch ist für mich ein kritischer Verstand und ich zweifle zunächst und oft.
87	Ich schwanke in meiner Meinung und bin für 180 Grad Kehrtwendungen berühmt.
88	Ich neige in Diskussionen zu Machtkämpfen, wer recht hat.
89	Ich mag Konkurrenzsituationen, gehe ihnen nicht aus dem Weg, sondern nehme sie an.
90	Ich brauche meine Freiheiten und kann Begrenzungen nur schwer ertragen.
91	Ich registriere genau, wer mir Anerkennung und Dankbarkeit entgegenbringt und wer nicht.
92	Mein Redestil ist oft belehrend.
93	Probleme werden von mir ausschließlich sachlich und nicht emotional gelöst.
94	Ich grüble gerne und fürchte mich vor einem Misserfolg. Male mir die Gefahren aus. Ich brauche dann Mut und Gewissheit.
95	Den Gegebenheiten sollte man sich gut und schnell anpassen.
96	Es scheint ja noch Zeit zu sein. Warum jetzt handeln? Warten wir noch ab.
97	Auf Kritik reagiere ich empfindsam, denn ich habe es ja nur gut gemeint.
98	Ich vermisse, was ich nicht habe und schätze weniger, was ich im Moment habe.
99	Ich tendiere dazu, mich von Emotionen abzukoppeln. Ich schätze Gefühlskontrolle.
100	Ich fühle sich sehr wohl, wenn im Team viel zwischenmenschlich interagiert wird und ich zu meinen Kollegen eine emotionale Beziehung aufnehmen kann.
101	In Konflikten kann ich sehr nachtragend sein und Schweigen bzw. soziale Kontakte als Waffe einsetzen.

102	Ich habe viele Freunde und Bekannte. Mir fällt es leicht, Kontakte zu knüpfen.
103	Ich konzentriere mich im Grunde lieber auf die Arbeit als auf meine Partnerschaft.
104	Wenn ich den Raum betrete, nimmt man mich sofort als eine starke Persönlichkeit wahr.
105	Ich vermeide auffälliges, abweichendes Verhalten.
106	Ich mag Symbole und Rituale.
107	Kleine Unwahrheiten sind erlaubt, um sein Ziel zu erreichen.
108	Ich bin ein Optimist und schmiede gerne Zukunftspläne, um keine Möglichkeiten und Chancen zu verpassen. Das Leben ist so spannend.

Herzlichen Dank!

HINWEISE ZUR AUSWERTUNG

Sehr gerne können Sie unter

www.mentaldynamic.info/md-tests/med-motiv-testauswertungen/

eine **Exceldatei** downloaden, die Ihnen bei der Fragebogenauswertung behilflich ist inkl. Diagrammen. Die Diagramme können Sie ausdrucken und auf die Seiten 16/17 einkleben.

Die Datei unterliegt einem Copyright und darf an Dritte nicht weitergegeben werden.

Oder Sie werten Ihre Einschätzungen per Hand auf den nachfolgenden Seiten aus.

Es gibt bei Ihren Einschätzungen kein richtig und kein falsch, sondern ein Ergebnis Ihrer Selbst und Ihrer motivationalen Erstdynamik. Das Leben und jeder Mensch birgt Chancen, Potenziale, Erfahrungen und Entwicklungen in sich. Stärken wie Schwächen. Jedes Mentalitätsergebnis hat seine eigenen Talente. Verfälschungen, so-wäre-ich-gerne-Bewertungen, aber auch eine zu niedrige oder zu hohe Bewertung, verändern die Auswertungen.

AUSWERTUNG 1

Bitte tragen Sie hier die Ergebnisse Ihrer Bewertungen ein.

Mentalität 1 - **INDIVIDUALIST**

9	16	20	26	37	46	62	63	70	71	98	106	Gesamt

Mentalität 2 - **MACHER**

2	14	19	27	34	38	60	68	80	91	97	100	Gesamt

Mentalität 3 - **HELFER**

10	13	23	45	51	59	74	77	85	89	95	107	Gesamt

Mentalität 4 - **PERFEKTIONIST**

6	22	33	41	42	50	55	64	79	88	92	103	Gesamt

Mentalität 5 - FRIEDLIEBENDE

1	12	32	40	44	48	52	58	67	76	87	96	Gesamt

Mentalität 6 - KÄMPFER

11	17	29	36	47	54	57	61	73	78	84	104	Gesamt

Mentalität 7 - OPTIMIST

4	8	21	25	31	43	65	69	83	90	102	108	Gesamt

Mentalität 8 - SKEPTIKER (Loyalität)

5	15	24	28	35	56	72	84	86	94	101	105	Gesamt

Mentalität 9 - BEOBACHTER

3	7	18	30	39	49	53	66	75	82	93	99	Gesamt

RANGFOLGE

MENTALITÄTEN

1. mit dem höchsten Wert: _____ / ____ Punkte

2. mit dem zweithöchsten Wert: _____ / ____ Punkte

3. mit dem niedrigsten Wert: _____ / ____ Punkte

MOTIVE

BEZIEHUNGSMOTIV

1 – INDIVIDUALIST	2 – MACHER	3 – HELFER	GESAMT-PUNKTZAHL

DOMINANZMOTIV

4 – PERFEKTIONIST	5 – FRIEDLIEBENDE	6 – KÄMPFER	GESAMT-PUNKTZAHL

ERKENNTNISMOTIV

7 – OPTIMIST	8 – SKEPTIKER	9 – BEOBACHTER	GESAMT-PUNKTZAHL

REGULATIONSSTRATEGIEN (Steuerung/Führung)

REFORMEN / UMFUNKTION

1 – INDIVIDUALIST	4 – PERFEKTIONIST	7 – OPTIMIST	GESAMT-PUNKTZAHL

ÜBERENTWICKLUNG / ÜBERSTEIGERUNG

3 – HELFER	6 – KÄMPFER	9 – BEOBACHTER	GESAMT-PUNKTZAHL

BLOCKIERUNG

2 – MACHER	5 – FRIEDLIEBENDE	8 – SKEPTIKER	GESAMT-PUNKTZAHL

DIAGRAMME

Sollten Sie die Exceldatei zur Auswertung genutzt haben, dann können Sie auf den folgenden beiden Seiten Ihre Diagramme einkleben!

MENTALITÄTEN 1 - 9

MOTIVE

REGULATIONSSTRATEGIEN (Steuerung, Führung)

Selbsterkenntnisse

Ich möchte Ihnen die folgenden sechs Schritte für eine gewinnbringende und innovative Entwicklung ans Herz legen.

1.
Nachdem Sie sich Ihr Testergebnis und die theoretischen Motiv-Ansätze in Ruhe studiert haben, lesen Sie sich **als Erstes** das Profil zu Ihrem Hauptmentalität intensiv durch. Unterstreichen/Kreuzen Sie unbedingt die wichtigsten Eigenschaften an und notieren Sie gegebenenfalls Fragen und wichtige Gedanken.

2.
Beim zweiten Durchlesen Ihrer Hauptmentalität beantworten Sie dabei folgende Fragen:

a. Was erreichen Sie mir dieser Mentalität im Leben und welche Bedeutung hat er für Ihren Führungsstil oder Konfliktverhalten?
b. Was bedeutet diese Mentalität für Ihre aktuelle Situation?
c. Welche Stärken und Schwächen sehen Sie in dieser Mentalität?
d. Worin sollten Sie sich weiterentwickeln?
e. Was wäre der erste und zweite Schritt?

Notieren Sie sich Ihre Antworten auf einem separaten Bogen.

3.
Lesen Sie sich nun die zweitstärkste Mentalität durch und beantworten Sie wie in 2. die gleichen Fragen.

4.
Wenn Ihre Haupt- und Zweitmentalität miteinander interagieren, welche weiteren Möglichkeiten und Stärken entstehen hieraus? Was gewinnen Sie durch die Zusammenarbeit persönlich für Ihr Führungs- und Konfliktverhalten?

5.
Was möchten Sie konkret verändern?

6.
Was wäre der erste konkrete Schritt? Welches der zweite bzw. dritte Schritt?

Wichtige Ergebnisse: **Selbsterkenntnis und Auswertungsgespräch**

Das MOTIVsystem

Es gibt unterschiedliche Persönlichkeitstests und Charaktermodelle. Manche ähneln sich. Der MOTIVTEST KONFLIKTDYNAMIK (PRO 9) wurde aus wissenschaftlichen Motivationsmodellen sowie aus dem philosophischen Charaktermodell des Enneagramms, das weltweit Menschen millionenfach bekannt ist und geschätzt wird, entwickelt. Erkenntnisse der Neurobiologie und der humanistischen, positiven Psychologie sind in das KONFLIKTMOTIVDYNAMIK SYSTEM inkl. neun Mentalitäten eingeflossen.

Unter Mentalität (Charakter) verstehen wir habituelle Denk- und Verhaltensmuster. Das Wort stammt aus dem Griechischen und heißt übersetzt „Prägung". In der Psychoanalyse bezeichnet es einen Typus im Erleben und Verhalten sowie ein individuelles Muster von vorherrschenden Abwehrmechanismen. So sprechen wir von neurotischen, narzisstischen, schizoiden, depressiven, zwanghaften und hysterischen Mentalitäten.

„Charakterstärke kennzeichnet die ausgereifte Persönlichkeit, d.h. die durch Entwicklungsstörungen weitgehend unbeeinträchtigte psychische Verfassung eines Individuums. Von Ich-Stärke (Ich-Reife) wird in der Psychoanalyse dann gesprochen, wenn die Ich-Funktionen (u.a. Wahrnehmen, Denken, Handeln) zwischen den Triebimpulsen des Es und den Normen des Über-Ichs sich so zu kontrollieren und auszugleichen vermögen, dass – allgemein gesagt – die Liebes- und Arbeitsfähigkeit des Menschen erhalten sind? (besser: bleibt). Der Gegenbegriff ist die Ich-Schwäche, die durch psychodynamische Entwicklungsstörungen und Anpassungsstörungen bedingt ist und aus Sicht der Psychoanalyse ein wichtiges Kennzeichen der Neurose bildet. Es wird angenommen, dass durch starre oder unter Belastung versagende Abwehrmechanismen die volle Breite des Erlebens eingeengt wird, insofern eine „Bewusstseinsminderung" eintritt, und allgemein die Bildung von neurotischen Symptomen gefördert wird. Diese Minderung des Bewusstseins kann als konkrete Auswirkung der verschiedenen Abwehrmechanismen (s.o.) angesehen werden." (Zitat aus Wikipedia).

Typische Mentalitätsstrukturen bilden sich bereits in der frühen Kindheit stabil heraus. Wir sprechen von „Typisch Du!", wenn sich Muster und emotionale Reaktionen stabilisiert haben und sich in bestimmten Situationen unbewusst sofort zeigen.

Unser Schutzmechanismus zeigt sich in einer typisierten Mentalitätssprache. Sie zeigt sich als eine Strategie, um uns möglichst gut an unsere Umgebung anzupassen und Kraft für wirkungsvolle Handlungen zu geben.

Dabei kombinieren und nutzen wir **weltweit drei grundlegende Motivationsstrategien**:

- die Machtmotivation,
  auch als Dominanz- oder Bauchintelligenz bekannt,

- die Leistungsmotivation
  mit Erkenntnis- und Kopfstrategien

- die Anschlussmotivation
  inkl. Beziehungs- und Herzstrategien.

Beziehung

Dominanz

Erkenntnis

Die drei Basismotivationen sollten im Erleben möglichst ausgeglichen sein und sinnvoll miteinander harmonieren. Menschen, die alle drei Strategien positiv anwenden können, sind bei ihren Mitmenschen sehr beliebt und gelten als selbstsicher, selbstbewusst, vermitteln das tiefe Gefühl von Vertrauen und Selbstvertrauen. Sie haben ein hohes Selbstwertgefühl. Sie sind authentische und gute Problemlöser, weil sie aktiv zuhören, verstehen, sich gut in Menschen einfühlen können. Ihre sozialen und emotionalen Kompetenzen sind gut trainiert. Daher sind sie auch umsichtige und treffsichere Entscheider. Sie können geben und nehmen. Sie setzen sich als Führungspersonen für ihre Mitarbeiter ein und setzen Erhalt von Arbeitsplätzen vor den schnellen, egoistischen Gewinn. Sie suchen und finden einen balancierten

Ausgleich von Gewinn, gutem Betriebsklima und kreativen Erneuerungen. Sie können führen, weil sie das eigene und andere Selbst und seine Mentalitätsmuster wertschätzen, anerkennen und positiv respektieren, ohne in zu tolerantes und falsches Vorvertrauen zu verfallen. Sie erkennen auch das Schlechte und verweisen es in seine Schranken. Sie sind konsequent.

Sind wir mit einer bestimmten oder mehreren Strategien sehr erfolgreich, beschließen wir, sie zu wiederholen, z.b. wütend zu werden oder dem Anderen Vorwürfe machen, wenn ich mich ärgere. Dadurch verschaffe ich mir Raum, Distanz, Zeit für weitere Aktionen, hier durch Einschüchterung. Bei entsprechendem Erfolg mit unseren gewählten Bauch-, Herz- oder Kopfaktionen bündeln wir unsere Aufmerksamkeit auf eine ganz spezielle und kraftvolle Weise, die wir in ihrer Gesamtheit als Mentalitäts(-muster) bezeichnen.

In einem meiner Seminare sagte ein Teilnehmer: „Herr Hansen, wenn ich mir die drei Motivationen (Energien) betrachte, dann könnten wir doch am ehesten ohne Kopf leben. Oder?" Ich antwortete: „Dann machen Sie das mal." Ihm wurde schnell klar, dass das nicht möglich ist. Ich brauche alle drei möglichst gut trainierten Strategien, u.a. in Kombination mit Emotionen und Lebenserfahrungen, um zu überleben, damit meine Schutz- und Aktionsmechanismen optimal funktionieren. Sie geben uns ein hohes Maß an Sicherheit und Stimulanz. Sie unterstützen uns in unseren Charakterstrukturen. In positiven wie negativen Charaktermustern. Darüber entscheide letztendlich auf meinem Lebensweg. Bei einem entsprechenden, wahrgenommenen bzw. decodierten Wiederholungstakt, sagen die Menschen: „Typisch Du."

Persönliche Ziele und wie sehr jeder Mensch für sich und in seiner Selbstverantwortung diese verfolgt, geben jedem die Chance for a Change - auch wenn die vorgeburtlichen, genetischen Entwicklungen ungünstig und/oder die erlebten elterlichen Trainingsprogramme und emotionalen Bindungen schwierig bis schändlich waren.

Auf Basis der drei motivationalen Welten, der individuellen Kindheitserfahrungen in den ersten fünf Lebensjahren und drei Erziehungs-, Regulations-,

Führungsstrategien können neun Mentalitäten und wie sie sich im Konflikt- oder Führungsverhalten zeigen, sehr detailliert dargestellt werden: Motive, Basisemotionen, sportliche Antriebe und Ausrichtungen, die gebildeten kulturellen, familiären sowie eigenen Werten/Glaubenssätzen, und emotionalen Belastungen und Druckverhalten. Interessanterweise ähnelt der Führungsstil samt Stressverhalten enorm einem Elternteil. Wer ist es bei Ihnen?

Darüber hinaus ist es möglich, die Entwicklungsziele und -wege definieren. Oder welche Schritte für die Mentalitätsstruktur negativ sind und nicht zu empfehlen sind.

Bestandteile charakterlicher Gewohnheiten (Typ/Individualität) sind:

- Emotionale Muster
- Meine Gedanken- und Verhaltensmuster
- Mein Stil, Beziehung zu anderen Menschen zu gestalten und zu kommunizieren
- Meine drei Grundmotivationen (Anschluss, Macht und Leistung)
- Idealisierung, Werte und Glaubenssätze

Philosophische Annahmen und Ziele

Die philosophische Grundlage dieses durchaus auch lebensphilosophischen Mentalitätsmodells ist eine humanistische. Es ist primär kein System mit neun Schubladen (neun Mentalitäts-, Charaktermustern/ Energien), das nur einordnen will. Sondern es zeigt auf, was zurzeit und lebensgeschichtlich für mich typisch ist, zeigt die Hintergründe auf und gibt Hinweise, wie ich es verändern kann. Es will verstehen, nicht be- und verurteilen. Es will die Chancen aufzeigen und mögliche Entwicklungspotenziale.

Darum geht es:

- Das Erkennen eigener Stärken, Potenziale, Ressourcen, Möglichkeiten und Schwächen. Nicht mit dem Zeigefinger, aber mit AHA!-Erlebnissen.
- Verständnis und Empathie für mich und meine Mitmenschen entwickeln. Andersartigkeiten und „Fremdes" verstehen anstatt zu (ver)-urteilen.

- Menschen in ihren hintergründigen Wesenszügen erkennen.
- Veränderung der eigenen inneren Haltung durch Konzentration auf das „Wie" statt auf das Festhalten am „Was", nach dem Motto: „Ich bin so und ich bleibe so! Verändere Du Dich. Stelle Dich auf mich ein." Effizienter ist es, sich selbstkritisch zu hinterfragen, wie ich mich verändern kann, was muss ich dafür tun, um z.b. meine Wutreaktion besser zu kontrollieren, was kommt zuerst und was folgt danach bis ich die gewünschte Veränderung erreicht habe.
- Menschen desselben Typs haben die gleiche Lebenseinstellung. Sie verfolgen die Welt mit ähnlichen Augen. Abweichungen innerhalb eines Charaktertyps sind aber möglich. Sie erklären sich aus den differenten Facetten des persönlichen Lebenswegs, u.a. Lebenserfahrungen, persönliche Reife, kulturelle Werte, intro- oder extrovertierte Neigung, Verarbeitung von Belastungen, Freunde/Peer-Groups und Führungsstile.
- Suche nach nutzbaren Alternativen.
- Meine Beobachtungsgabe, Bewertungskriterien und die Nutzung der eigenen Sinne zu schärfen.
- Eigene Emotionen zu managen.
- Unterschiede in einem Team/Mannschaft oder Partnerschaft sollten als Stärke und Chance für ein gutes Miteinander aufgefasst werden.

Aus drei Motivationslinien werden neun Mentalitäten

Die nach aktueller Wissenschaft drei zentralen menschlichen Motivationen sind nach McClelland:

- Anschluss & Beziehung (Fühlen/Gruppe/"Herzmenschen")
- Macht & Dominanz (Handeln/"Bauchmenschen")
- Leistung & Erkenntnis (Denken/Wissen/"Kopfmenschen")

Sie bilden in der Konfliktmotivdynamik ein System aus **drei Motivationslinien**. Sie sind zentrale, natürliche Lebensstrategien des Menschen, auf die wir täglich zurückgreifen. Insbesondere könnten wir ohne Herzenergie und berührenden

Beziehungen nicht überleben. Ein Baby ohne Kontakt stirbt. Kinder und Erwachsene sterben ohne Bindungen vor allem seelisch.

Wofür stehen die drei Motivationslinien? Was repräsentieren sie?

Die Anschlussmotivation bzw. die Beziehungsdynamik(Leidenschaften) steht für die Überlebensstrategie: Es überlebt, wer sich anpassen kann. Durch die soziale Gruppe.

- Entwickelt Selbstvertrauen
- Lieblingsemotionen: Freude und Trauer (Enntäuschung)
- Respekt, Wertschätzung, sich unterstützen
- Familie, Mannschaft/Team, Gruppe, Freunde, sich ergänzen in den Stärken und Fähigkeiten
- Vertrauen und Misstrauen + sich menschlich verbinden und anerkennen
- Support im Miteinander, Herz und Leidenschaft zeigen und gegenseitige Hilfe

Die Leistungsmotivation bzw. die Erkenntnisdynamik
steht für die Überlebensstrategie: Es überlebt, wer aus Erfahrungen durch Erkenntnisse aus Klugheit, Wissen und Weisheit lernt.

- Entwickelt Selbstbewusstsein
- Lieblingsemotionen: Angst, Neugier und Scham
- Wissen ist Macht
- Pläne, Strategie, Taktik
- Erkenntnisse – die Dinge vollständig erkennen und begreifen
- Erfahrungen auswerten und abspeichern
- Hinterfragen und Neugierde + Forschung und Innovation
- In der Natur überlebt vor allem der schlaue, nicht nur wer muskulär stark ist. David und Goliath.
- Wer hat die beste Antwort, die cleverste Strategie/Taktik auf eine interessante Frage- und Aufgabenstellung

Die Machtmotivation bzw. die Dominanzdynamik

steht für die Überlebensstrategie: Es überlebt, wer sich durchsetzen kann, durch Stärke.

- Entwickelt Selbstsicherheit

- Lieblingsemotionen: Wut/Mut und Ekel, z.T. Verachtung

- Handeln statt Starre – sich entscheiden

- Aus der Stärke heraus agieren

- Sich siegreich durchsetzen

- über eine körperliche Fitness verfügen

- Situationen und Streits beherrschen und kontrollieren.

Jede Linie entwickelt drei Mentalitäten (Charaktere). Die Mentalitätsbildung wurde vorwiegend im Kindesalter mit **drei Not-, Regulationsstrategien** geformt und gelenkt. Die Notstrategien sind eine Reaktion auf Lebensumstände und/oder auf elterliches Verhalten, das als schwierig und unverständlich erlebt wurde, teilweise sogar als bedrohlich. Die „gefundene" Regulationsstrategie ist im Kern und letztendlich eine mehr oder weniger resiliente Überlebens- und Problemlösungsstrategie, die das Kind in der Erfahrung entwickelt und angewandt hat. Meistens behält der Mensch diese und ohne große Veränderung ein Leben lang bei – es formt seine Mentalität führend mit. Eltern haben die Entwicklung des Kindes durch eine einseitige Betonung blockiert, umfunktioniert (umgeleitet) oder erzieherische Aspekte überentwickelt, sprich überbetont. Das gleiche gilt für das Verhältnis und die Ausrichtung von Trainer und Sportler.

1 Individualist   2 Macher   3 Helfer

4 Perfektionist   5 Friedliebende   6 Kämpfer

7 Optimist   8 Skeptiker   9 Beobachter

Die 9 Charaktere

Bei der **reformierten, umfunktionierten Regulations-, Notstrategie** verfolgten Eltern/Trainer eine enge Grenzsetzung, d.h. die Motivationslinie wurde in ihrer Richtung umgekehrt und auf die eigene Person gewendet, z.b. das Kind hat durch klare kulturelle Vorgaben gelernt, die eigene Leistungs- und Handlungsmotivation zu stark zu kontrollieren (das macht man nicht!). Der erhobene Zeigefinger wird zum Erinnerungs-symbol für die Selbststeuerung – initiiert durch Fremdsteuerung. Die Fremdsteuerung bewirkte die Reform bzw. eine Umfunktion der Basismotivation, z.b. die Beziehungs-motivation (Familienstruktur) konnte nicht erfüllt werden und wurde durch eine Erkenntnismotivation in Richtung „Lösung/Plan" aktiviert: Hier kannst du nicht bleiben und wir wissen was für dich gut ist, z.b. Pflegefamilie gesteuert. So kann die Beziehungs-motivation nicht vertrauensvoll erlebt werden und wird durch die Erkenntnismotivation „erdacht/bedacht" und gesteuert.

Die drei *reformierten, umfunktionierten* Mentalitäten sind:

- der Individualist (Typ M1)
  Es gab keine bzw. instabile Familienstrukturen, z.b. durch Scheidung. Andere haben bestimmt bei wem man aufwächst (Großeltern, Pflegefamilien etc.). Anerkennung durch künstlerischen Ausdruck.

- der Perfektionist (Typ M4)
  Man durfte keine Fehler machen. Sich den kulturellen Gepflogenheiten unbedingt anpassen. Nicht auffallen, sich kontrollieren. Anerkennung durch keine Fehler machen. Die „1" im Zeugnis.

- der Optimist (Typ M7)
  Die Fremdbestimmung ergab sich durch eine chronische Krankheit eines Familienmitglieds, auf den man Rücksicht nehmen musste und somit unfreiwillig im Mittelpunkt stand. Das Leben als Krankheit. Anerkennung durch gezeigte Lebensfreude, Lust auf was Neues und Optimismus.

Bei der **blockierten Regulations-, Notstrategie** ist die priorisierte Motivationslinie mehr oder minder gebremst (blockiert). Das EGO/ICH erreicht damit zum einen das Verschwinden und die Ausblendung der empfundenen Notsituation aus dem

Bewusstsein und zum anderen wird das entsprechende Motiv wenig genutzt und aktiviert.

Die Eltern bewirken eine Blockierung und Nichtförderung der Ursprungsenergie, z.b. die Anschlussmotivation (Familienstruktur) konnte nicht erfüllt werden und wurde durch eine Machtmotivation (produziere, male etwas Wertvolles und kein Krickel-Krackel-Bild) gesteuert. So kann die Anschlussmotivation nicht per se erlebt werden, sondern muss durch eine Handlung erarbeitet werden. Diese Kinder sind auch als Erwachsene davon getrieben, durch Leistung und Sympathie Anerkennung zu bekommen.

Sie stellt die innere vertikale Linie dar. Alle drei Mentalitäten repräsentieren drei zentrale Eigenschaften für das menschliche Zusammenleben: den Erfolg und die Wahrheit (Typ M2), die Zufriedenheit (Typ M5) und Loyalität und Vertrauen (Typ M8).

Die drei *blockierten* Mentalitäten sind:
- der Macher (Typ M2)
  Nur gegen eine wertvolle Leistung gab es Anerkennung. Machen, gute Noten, sei reich und erfolgreich. Anerkennung der Beste sein.

- der Friedliebende (Typ M5)
  Die Handlungsmotivation wurde durch Verwöhnung oder Nichtbeachtung blockiert. Es entwickelte sich eine innere Trägheit. Anerkennung durch ruhig und friedlich sein und unauffälliges funktionieren. Agiert passiv statt aggressiv.

- der Loyale (Typ M8)
  Man kann zumindest einem Elternteil (Menschen) nicht vertrauen. Kein Sicherheitsempfinden – man empfindet sich benutzt. Anerkennung nur bei loyalem Verhalten.

Bei der **überentwickelten Regulations-, Notstrategie** ist die priorisierte Motivationslinie überentwickelt, zu stark gefördert und ausgeprägt. Ich besetze mein Inneres und Überzeugungen zu einseitig (z.B. meine Emotionen, meinen

Fokus). Die Motivationslinie führt quasi allein Regie und lässt andere Motiveinflüsse wenig zu.

Die drei **überentwickelten** Mentalitäten sind:

- der Helfer (Typ M3)
  Eltern haben sehr stark das Nettsein und das für einander Dasein thematisiert. Anerkennung durch das helfen.

- der Kämpfer (Typ M6)
  Eltern haben das stark sein in den Mittelpunkt allen Handelns gestellt. Anerkennung durch sich durchsetzen, der Stärkste zu sein.

- der Beobachter (Typ M9)
  Zu hohe Emotionalität in der Familie. Die Reizüberflutung bewirkt eine Priorisierung in eine erkenntnisorientiert Leistungsstrategie, um zu überleben verfolge ich meinen eigenen Plan, meine eigene Taktik. Ruhe vor anderen durch Bücher und Fantasien.

Sinn und Nutzen der neun Mentalitäten im Konflikt

Alle neun Mentalitäts-, Charaktermuster sind mehr oder weniger ausgeprägt in uns aktiv am Werke und nutzbar. Jeder dieser Charaktere ist Experte in seiner Art und Weise des Überlebens und Überzeugungen. Jede Strategie ist in sich nützlich, ressourcevoll, leidenschaftlich, emotional und sinnvoll. Im Sinne eines Individualisten ist es wichtig zu wissen, aus welcher Familie/Kultur man kommt und wer man ist und was man kann (Identität und Potenziale). Das gilt auch für Vereine, z.B. Bayern München und „Mia san mia!"

Im Sinne eines Kämpfers ist es wichtig, kämpfen und sich durchsetzen zu können. Im Sinne eines Loyalen ist es wichtig zu wissen, wem und auf welcher Basis man Mitmenschen und Mitspielern/Trainern vertrauen kann und dass man ein verlässliches Team ist, wenn sich jeder an Absprachen oder taktischen Vorgaben/Aufgaben hält.

Unsere Mentalität ist uns zur „normalen" Gewohnheit geworden. Sie ist weitgehend automatisiert („Ich kann eben nicht aus meiner Haut"). Da jeder MOTIV FÜHRUNG / KONFLIKT / PRO9-Charakter für sich zu eindimensional ist, stehen die Mentalitäten miteinander in Verbindung und unterstützen sich in der Entwicklung. Manche beeinflussen sich direkt, weil sie sich nahestehen oder aus einer Linienfamilie kommen. Andere sind etwas weiter entfernt und kommen nur über einen anderen Charakterzug miteinander in Verbindung.

Wer in den neun Mentalitätsmustern ausgeglichen ist und in diesen positiv agieren kann, hat einen Riesenvorteil. Man hat wesentlich mehr Möglichkeiten in diversen Situationen gekonnt zu agieren. Es gibt kein besser sein als der Andere, sondern der Lebenstrick liegt im miteinander agieren der neun Charaktere. Das ist das Ziel eines charakter-orientierten Teambuildings, einer talententfaltenden Pädagogik und mentalstärkenden Erziehung/Trainings.

Im Gesamten macht die Erstellung eines Team-, Mannschafts-, Familienprofil enormen Sinn. Es lassen sich die Dynamiken und Muster sehr gut analysieren und die mentalen Talente lebendig strukturieren und ressourcevoll einsetzen.

Weitere Einflussfaktoren

Man sollte innerhalb jeder Mentalität die persönlichen Präferenzen wie introvertiert vs. extrovertiert sowie zwischen Nähe vs. Distanz berücksichtigen.

Die drei Dimensionen nach C. G. Jung sind für die Interpretation interessant:

- Extroversion vs. Introversion,
- sinnesspezifische vs. intuitive Informationsaufnahme (Wahrnehmung) und
- eine analytische vs. gefühlsmäßige Bewertung der Informations-aufnahme.

Da jede angelegte wahrgenommene und gespeicherte Erfahrung und Schluss-folgerungen mit mehr oder weniger starken Emotionen kombiniert wird, beeinflussen sie prägend die Motivationslinien und jede Mentalität in sich. Die sechs Basisemotionen nach Ekman spielen hier eine führende Rolle.

Weiterer Einflussfaktor ist das individuell unterschiedliche motivationale Bedürfnis nach **Sicherheit und Stimulanz.** Jeder von uns hat eine Motivation nach Sicherheit und ein Bedürfnis stimuliert (innen wie außen) zu werden. Einige gehen behutsamer und geplanter an Aktionen heran und interpretieren eine Aussage genauer, der andere beurteilt die gleiche Aussage nach stimulierenden Reizen, z.b. der ist aber sympathisch, dem glaube ich. Oder die Idee ist so attraktiv, dass mögliche Gefahren ignoriert werden.

Das innere Verhältnis kann je nach Lebens- und Erfolgslage wechseln. Selbst wenn man wenig sicherheitsorientiert ist, gibt es Lebenssituationen in der dieser Punkt eine wichtige Rolle spielt und man stärker darauf achten sollte. Auch zwei Menschen mit dem gleichen Hauptcharakter können dadurch leicht nuancierte Verhaltensweisen und Beurteilungen zeigen, z.b. durch unterschiedliche Überzeugungen im Detail, auch wenn Sie im Kern und im Prozess sich sehr ähneln.

Der Mensch ist einfach (Grundbasen) und kompliziert (Kombination plus Lebens-erfahrungen, Trainingsprogramme) zugleich. Das macht das (sportliche) Leben und Spiel der Mentalitäten im Team und für sich so spannend.

Jede Emotion hat eine spezielle Funktion.

Emotionen begleiten unser Leben. Sie geben uns nicht nur die Würze, sondern sorgen für unser Überleben. Durch Freude, Trauer, Wut etc. können wir miteinander kommunizieren, uns motivieren, uns begeistern und bewegen. Sie verbessern enorm unsere Entscheidungsfähigkeit. Wir alle kennen das berühmte Bauchgefühl. Oder Leidenschaften, die unser Herz höherschlagen lassen. Jede Emotion hat ihren Sinn, ihren Nutzen und ihre Aufgabe. Weltweit sprechen wir in allen Kulturen, nach einem weltweiten (besser: international /global / universell/ allgemein anerkannten) Forschungsergebnis von Ekman, eine gemeinsame Emotionssprache (Freude, Trauer, Wut, Angst/Überraschung, Scham und Ekel). Wir können die begleitende Körpersprache und Stimmlagen mühelos interpretieren. Gefühle sollen signalisieren, wie es mir geht, was ich meine, was ich brauche.

Freude (Beziehung)

erleichtert soziale Bindungen. Dadurch bekommen wir Hilfe, stabilisierte Kontakte, Unterstützung. Freude zeigen ist ansteckend, empathisch und hat eine Friedliebende, entspannende Wirkung. Auswertung und Speicherung von Erfolg und Gelungenem. Antrieb zur Wiederholung.

Trauer (Beziehung)

ist die Schlüsselrolle bei Empathie, Sympathie, altruistisches Verhalten. Zeigt an, dass etwas nicht in Ordnung ist. Reduziert die Geschwindigkeit, um nachdenken zu können. Genaueres Hinsehen bei Enttäuschungen, Versagen. Auswertung und Speicherung von Misserfolg und Misslungenem. Antrieb zur Nichtanwendung und Nichtwiederholung.

Wut (Ärger/Zorn, Dominanz)

mobilisiert Kräfte der Veränderung. Ärger muss nicht mit Aggression einhergehen. Ein ärgerlicher Gesichtsausdruck soll Aggression vermeiden. Steuert Handlungen: Risiko oder Vorsicht, Fein- oder Grobgefühl, aktiv oder passiver.

Ekel (Dominanz)

ist der Schlüsselreiz bei Unsauberkeit und schlechtem Essen. Ekelreaktionen können Sie intensiv bei Entscheidungsprozessen sehen. Wenn Ihr Chef mit der Nase rümpft, weil er hocherfreut über Ihre Trainingsleistungen ist. Entscheidungsmotiv: Schmeckt mir oder schmeckt mir nicht.

Angst/Scham (Erkenntnis)

verstärkt sozial erwünschtes Verhalten. Entsteht in Situationen, die als unangemessen empfunden werden. Lässt einen Mangel empfinden. Motiviert zur Kompetenzerweiterung. Man hält sich an die Taktik und aktiviert Leistungsniveau. Peinliche Leistungen sind nicht erlaubt, wenn das Schamgefühl zu Leistung hoch ist.

Neugier/Überraschung (Erkenntnis)

lässt Gefahrensituationen erahnen/spüren, erkennen und reagieren. Es lässt uns vorsichtiger und genauer hinschauend agieren. Keine Experimente oder eine überraschende Aktion im Momentum. Neue Trainingsmethoden oder das Bewährte.

Überraschung zeigt eine sehr ähnliche Mimik und symbolisiert Neugierde, etwas Neues. Neugierde und Angst stehen offensichtlich dicht beieinander. Diesen Effekt kennen wir aus Therapien. Sobald man sich intensiv mit dem auseinandersetzt, was einen ängstigt und wir eine neue Einstellung, Bewertung vornehmen, verschwindet die Angst.

Emotionale Verhaltensmuster bilden sich sehr schnell und bleiben stabil. Es gibt individuelle Unterschiede im Aktivierungsgrad, Häufigkeit und Intensität, mit der eine bestimmte Emotion in bestimmten Situationen erlebt wird. Um Emotionen hervorzurufen, bedarf es eines Auslösers.

Emotionen sorgen für die Bestätigung, die nötig ist, damit wir weiterdenken und handeln. Dabei haben negative Emotionen einen größeren Einfluss auf das Gehirn als positive.

Die ersten Lebensjahre

Aus Ihrem zentralen Kindheitsthema (Erfahrungen, Erlebnissen, familiäre und gesellschaftliche Bedingungen, Normen und Werte) kombiniert mit genetischen Basisemotionen resultiert Ihr Charaktermuster. Es ist Ihre Antwort, die Sie als Kind entwickelt haben, um die „empfundene Not" in dargebotenen Situation und Reaktionsweisen Ihrer Eltern (Umgebung) eine Überlebensstrategie zu entwickeln, die Sie als Basis Ihr Leben lang behalten und einsetzen. Dies geschieht und zeigen Sie insbesondere in Stresssituationen.

Eltern sind für ein Kind die wichtigsten Bezugs- und Prägungspersonen. Das bleiben sie ein Leben lang. Sie sind die ersten und wichtigsten (Mental-) Trainer. Von Eltern Anerkennung, Wertschätzung, Lob, Vertrauen, Mut, Wissen und Problemlösungsstrategien zu bekommen, bleibt ein ewiges Lebensthema. Sie sind die wichtigsten Begleiter und Beschützer ihrer Kinder.

Dieses Naturprinzip übernehmen Erwachsene in ihren beruflichen Bereich. Führungskräfte werden zu Eltern ihrer Mitarbeiter, die sich manchmal wie eine Horde Kinder benehmen. Achten Sie mal darauf.

Nun sind Eltern wie Führungspersonen nicht perfekt. Sie sind selbst von ihren Lebenserfahrungen und von ihren Eltern bewusst und unbewusst geprägt. Ihr Denken, ihr Handeln und ihre Emotionen bestimmen ihren Erziehungsstil und folglich die Prägung ihres Kindes. Schon die Frage, was erlaubt ist und was nicht, ist unter Familien unterschiedlich definiert. Auch die Frage, ob ich den Charakter meines Kindes und seine Hauptmotivationslinie verstehe, führt den Weg zum Erziehungsziel so oder so. Erlebnisse, familiäre und gesellschaftliche Bedingungen, Normen und Werte beeinflussen den Erziehungs- und Charakterprozess. Ebenso wie genetische Faktoren und die sechs Basisemotionen.

Das Kind ist diversen Einflüssen ausgesetzt. Es will und muss lernen, um seinen Überlebensweg zu finden. Sind die Eltern, wenn auch nur eine Person, instabil, unsicher, beziehungsunfähig, wird das Kind andere Problemstellungen in eine Notstrategie aufzulösen versuchen als Kinder, die in einer stabilen Familie aufwachsen. Das Kind sucht, entwickelt und findet eine Antwort, um die „empfundene Not" der dargebotenen Re-Aktionsweisen seiner Eltern (und Umgebung) in eine Überlebensstrategie zu festigen. Es bildet sich ein Charaktermuster, das Sie als Basis Ihr Leben lang behalten und einsetzen. Wie stabil ihre Charaktermuster sind, erleben Sie in Stresssituationen. Sie haben sich bewusst vorgenommen so zu agieren. Die Reaktion ist relativ neu und Sie sind unerfahren mit dem neuen Weg. Prompt geschieht etwas Unerwartetes und Sie reagieren wie früher. Veränderungen benötigen ihre Zeit, aber es ist möglich anders und effektiver zu reagieren. Haben Sie es geschafft und können das neue Verhalten stabil wiederholen, dann werden sie feststellen, dass sich in diesem Prozess neue Glaubenssätze zeigen und Sie auch in anderen Situationen beginnen anders zu reagieren. Das neue Erfolgsrezept beeinflusst immer auch andere Charaktereigenschaften. Das lässt unser Gehirn gerne zu und macht uns als Menschen so erfolgreich – dazulernen zu können, wenn man will und es sich wirklich erlaubt.

Jeder von uns will, dass es ihm gut geht und er sein darf wie er ist, anerkannt wird, sich weiterentwickeln kann. Manche machen sich später auf den Weg der Veränderung, übernehmen die Verantwortung für sich Selbst und verarbeiten die Erfahrungen in neue Charaktermuster. Waren wir erfolgreich, sagen unsere Mitmenschen: „Hast du dich verändert." Oder sie sagen selbst: „Ich mache das jetzt so. Das andere war früher. Ich bin wieder Ich-Selbst."

"Die zwölf Apostel"

Als „12 Apostel" bezeichnen wir die Beschreibung von 12 Postulaten, zentralen Bedingungen, die den Charakter grundlegend formen. Sie sind das XP-Programm für unsere Programme und Verhaltensmuster. Sie sind die motivationalen und emotionalen Hintergründe (Motive) für die Ausprägungen meiner individuellen Verhaltensweisen, Denkmuster und einzigartigen typischen Merkmale. Mindestens 10 der 12 „Apostel" sollten Sie eindeutig bejahen. Auf diese Weise können Sie die „12 Apostel" auch für einen Schnelltest nutzen. Wir wissen aus Erfahrung, dass das Ausfüllen von Tests/ Bewertungsbögen bewusst oder unbewusst manipulierbar ist.

1.Apostel: Selbstdefinition

Eine typische Aussage („Ich bin…) für meine charakterliche Eigenschaft, die auch Auskunft über meine Motivationen und folgenden Handlungen gibt.

2.Apostel: Vermeidung

Mein Vermeidungsverhalten, welches sich auf meine Entwicklung behindernd auswirkt.

3.Apostel: Bedürfnis

Mein spezielles Bedürfnis, das mir wichtiger ist alles (manches) andere. Ich will und muss dieses Bedürfnis ausleben, befriedigen, erfüllt sehen (mein Leben, mein Friede, meine Erfüllung).

4.Apostel: Anspruch

Mein Grundanspruch, den ich auch bei anderen im Verhalten und seiner Denkausrichtung sehen und erleben will.

5. Apostel: Angst (Emotionen)

Meine Hauptangst, die andere Befürchtungen und Unsicherheiten symbolisiert. Meine Emotionen beeinflussen mein Denken und Handeln enorm. Befreit sich der jeweilige Typus von seiner Grundangst, die auch seine Grundbedürfnisse mitbestimmen, dann verkehrt sich der Inhalt der

Angst in sein Gegenteil. Es wird plötzlich möglich, was unmöglich schien.

6. Apostel: Abwehr

Mein Abwehrmechanismus (dem Charakter entsprechend), um meinen Ängsten Herr zu werden.

7. Apostel: Aufmerksamkeit/Denkstil

Darauf richte ich meine besondere Aufmerksamkeit mit all meinen Sinnen, Überzeugungen und Erfahrungen.

8. Apostel: Blindheit

Die Wichtigkeit, die diese Aspekte für mich einnehmen, verführt mich dazu, nichts Anderes anzunehmen. Mit meiner Blindheit blende ich andere Aspekte aus. Meine Wahrnehmung ist eingeschränkt. Ich habe in diesen Momenten einen Tunnelblick.

9. Apostel: Kernproblematik

Eine Eigenschaft, die zu Problemen in meiner Selbstverwirklichung führt.

10. Apostel: Falle

Mein Irrweg führt meine Bemühungen ins Negative.

11. Apostel: Ressource

Meine persönlichen, charakterlichen, emotionalen Stärken. Mein Rettungsanker, der zu (neuen, anderen) Lösungen führt, führen darf. Meine positive Ausrichtung.

12. Apostel: Befreiung

Tugenden, die mich aus meiner Falle befreien. Der Weg zu meiner Befreiung.
Meine (er-) lösende Erkenntnis.

Mentalität und Konfliktverhalten

der 3 Beziehungsmotivatoren

1   2   3

Individualist   Macher   Helfer

Mentalität 1: Der Individualist

(Der Neidische / Identitätssuchende)

Motivbasis

Der Individualist ist **beziehungsmotiviert** und wurde mit der Erkenntnismotivation *reformiert/umfunktioniert.*

„Nur wenn ich originell, etwas Besonders bin, ich auffalle (Leistung/Strategie), bekomme ich Anerkennung (plus Beziehung/Zuneigung), dann finde ich eine Familie und Menschen, die mich akzeptieren wie ich bin und Schutz geben."

Der Individualist nutzt die Erkenntnismotivation inkl. Kontrolle, Wissen, Strategie, Originalität einer Idee, Leistung, um die bisher fehlende und familiäre Balance in innere Stärke ausgleichen zu können. Es geht primär um den Ausgleich des Fehlenden und geringen Selbstvertrauens, in eine stabile Identität mit inneren Stärken und Talenten.

In negativ-kritischen Momenten setzt unwillkürlich Neid ein gepaart mit Beobachtungen oder Annahmen, dass andere es immer besser haben, z.B. „Du hast ja eine glückliche Familie[1] oder den besseren Boss. Und ich?" Genau diese Taktik setzt dann sofort in kritischen Situationen ein. Löst Konflikte aus und hält sie am Laufen.

Individualisten motivieren sich über das Besondere, über extravagante Aufmerksamkeiten mit dem unbewussten Ziel, darüber innere Überzeugungen aufzubauen und dass sie kein Mensch übersehen kann (Kevin-allein-Zuhause-Syndrom). Im Positiven verwendet er kreative Strategien und Ansätze aus der Gedankenlinie (wie z.B. Kunst) an, um einerseits sich und seine Geschichte zu verstehen (analysieren) und andererseits die Erkenntnis in neue sowie Ich-stabilisierende Ansätze zu verarbeiten (die neue Identität).

Sie haben die Gabe, andere zu motivieren. „Das kriegen wir hin! Das kannst Du sehr gut!" Sie zeigen einfach das Besondere auf. Nur bei sich selbst können sie es nicht.

---

[1] Den Inhalt "glückliche Familie" können Sie austauschen mit viel Geld, besseren Partner, materiellen Statussymbolen etc.

Die Startjahre ins Leben

Das zentrale Kindheitsthema besteht aus Unsicherheiten und der Angst, verlassen zu werden. Das familiäre Harmonie- und Gemeinschaftsgefühl war wenig vorhanden bzw. war wenig gelebt worden. Entweder weil der Individualist sich anders als seine Eltern erlebt hat oder weil es zu Trennungen kam, wie Scheidungen, Tod, Gewalt, Aufwachsen in Heimen, Adoptionen oder Pflegefamilien. Der Aufbau einer respektvollen und verbindenden Familienidentität war kaum möglich. Andere, wie auch Institutionen, haben über das Leben bestimmt.

Als Ausgleich zu diesen als machtvoll erlebten Momenten versucht der Individualist viel für andere zu tun, um das familiäre und das beziehungssichere Gefühl zu bekommen. Der Individualist ist emotional in der Familie zu kurz gekommen und wurde wenig in der Familie wahrgenommen. Man fragte wenig danach, wie es dem ihm geht oder es bestand wenig Interesse, wer er ist, was er denkt, woran er glaubt, was er möchte. Viele seiner Talente wurden nicht beachtet und nicht trainiert. Daher der starke innere Wunsch nach einer stabilen, liebevollen Familie und Gemeinschaft. Extravagantes Verhalten und Philosophien machen die Gemeinschaft auf den Individualisten aufmerksam.

Individualisten fühlen sich unverstanden, einsam und sehen sich gerne in einer Opfersituation. Zugleich ist das der Hintergrund, warum sie ihre Talente und Qualitäten nicht leben können, solange sie glauben, dass etwas nicht stimmt. Das führt zu Sehnsucht (im Konflikt zu Neid und dramatisch-emotionalen Reaktionen) und Anerkennung von originellen Aktionen bis hin zu extravaganten Auftritten. Sie sehnen sich nach den wirklich authentischen Menschen und Familien (das Originale). Durch ihre besondere Originalität werben sie für sich: „Seht her, ihr müsst mich wahrnehmen, mich mögen, ich bin so auffällig gekleidet und anders als ihr alle. Ich bin originell, kreativ und einzigartig. Nehmt mich auf."

Es besteht eine starke Neigung zu Neid und Dramen, um der inneren Unsicherheit zu begegnen und Extravaganzen, um nicht allein zu sein und Aufmerksamkeit zu bekommen. So vergisst mich keiner.

Die Gefühlslage in den Familien und das Zusammenleben sind oft kompliziert und hochemotional. Die Realität zu leben wird als schwierig, freudlos und teilweise als katastrophal erlebt. Man wünschte sich buchstäblich einen Retter, der alles in Ordnung bringt. Sie halten den suchenden Blick nach Eltern, die sie nie wirklich hatten oder fühlten. Aus diesem Grund entwickeln Individualisten zur Kompensation ein Forum für das Schöne, das Gute und das Liebende.

Zumeist waren die Mütter von Individualisten allmächtig, konkurrenzhaft und narzisstisch. Das Kind hat das Gefühl, sich um die Liebe seiner Mutter bemühen, fast betteln zu müssen. Manche wuchsen in Familien auf, in denen es Anerkennung dafür bekommen hat, dass es sich mit dem Schmerz eines Anderen identifiziert. Folglich hat es gelernt, sich gut in andere hinzuversetzen, um zu interpretieren, was der andere möchte und ihm das Fehlende zu geben, um geliebt zu werden.

Es standen folglich für den Individualisten existentielle Fragen im Raum: wer er selber ist, wer er sein darf, wie man die Familie zusammenhalten kann (meist über Problemverhalten), wie sein eigenes wahres Sein wirklich ist (ihre wahre Essenz) und wie man zu einer wahren, ausbalancierten Familie kommt. Es bestand der resiliente[2] Wunsch (Traum) nach einer anderen Familie, der wahren Familie oder einem wahren, wirklichen Familiengefühl, das Identität stiftet, ein wohliges Sicherheitsgefühl gibt, das einen stark macht.

Als Kind wurde der Individualist durch die Antworten, die von außen kamen (Eltern, Umwelt) stark beeinflusst. Zum Teil waren die angebotenen Antworten unklar, was ihn verwirrte und irritierte. Alleingelassen in der Suche nach Antworten in unsicheren Situationen. Das macht den Individualisten so wankelmütig, weil er sich nie wirklich sicher ist und zu unrealistischen Erwartungen neigt. Wunsch nach Liebe und Rückzug wechseln sich einander ab. Oft, wenn man kurz vor der Vollendung steht.

Insgesamt wirkte die Kindheit wie die Geschichte vom verlorenen Paradies – das erzeugt bis heute eine gewisse Sehnsucht. Es fehlte das Gefühl, dazu zu gehören. Der Individualist glaubt bis heute, dass ihm etwas fehlt, was andere haben (hatten), z.B. eine gute Familie statt einer geschiedenen Familie oder die Trennung (Fall aus dem Paradies), die durch einen Todesfall zustande kam.

Um endlich Aufmerksamkeit und Anerkennung zu bekommen, unternahm und dachte das Kind genau das Gegenteil dessen, was seine Eltern für richtig gehalten haben, besonders war dies in der Pubertätszeit der Fall. Dabei ging es nicht um Rebellion, sondern es war eine Inszenierung des Verlustes bzw. des Ausstoßes aus dem Paradies. Das Kind fühlte sich verloren, entwurzelt, desorientiert. Es bekam ein tiefes Empfinden für etwas, was man allgemein „das schwarze Loch" nennt. Dadurch waren diese Kinder eher Außenstehende in der Gruppe und blieben ohne resilientes Verhalten oft Außenseiter der Gesellschaft. Auch so zeigt sich das Besondere.

---

[2] Monika Gruhl hat ein eindrucksvolles Buch über resiliente Strategien von Kindern und Jugendlichen geschrieben.

Die 12 Apostel eines Individualisten

Identität

„Ich bin etwas Besonderes. Ich bin anders als Du. Deshalb streite ich mit dir. " Sie sind selbstorientiert, im Extremen mit dem Hang zum Narzissmus, dramatisch-melancholisch.

Innerer Konflikt (Kernproblematik)

Neid ist eines der negativsten und (selbst-) zerstörerischsten Gefühle. Neid ist der „Glaube, dass andere etwas haben, was mir fehlt". „Die anderen haben, was glücklich macht und ich habe es nicht". Das fördert die Eifersucht und sie haben Angst vor dem Vergleich. Der Andere könnte die Hauptrolle spielen/haben und besonderer sein als er selbst. Um sich aus diesem emotionalem Chaos und Druck zu befreien, können Individualisten aggressiv werden und zur Gewalt neigen.

Neid ist ein Verhalten, dass durch Bindungsverlust zum authentischen Selbst entsteht. Das wiederum durch den Bindungsverlust zu einem nichtharmonischen Elternhaus entstanden ist. Individualisten verbergen in der Regel ihren Neid, zumindest versuchen sie es. Sie vermuten, nicht zu Unrecht, negative Reaktionen der Umwelt. Das wiederum fördert die Verlustängste und Trennungserlebnisse.

Die Hauptemotionen im Konflikt: Trauer und Angst

Er hat eine Grundangst vor Unzulänglichkeiten, denn Individualisten haben Angst, dass Ihnen etwas fehlt - wie in der Kindheit - eine stabile, wärmende Familie. Daher richten Sie Ihre Aufmerksamkeit immer auf das Fehlende. „Du hast, was ich nicht habe."
Sie gehen bewusst tiefgängig mit Ihren Emotionen um – mit allen Facetten, die Emotionen zu bieten haben. Von überschäumender Freude bis zu tiefer Traurigkeit, die in energischer Wut oder grüblerischer Verzweiflung (Angst) enden kann. Emotionale Dramen sind im Repertoire enthalten. Sie lassen sich von Emotionen berühren, dabei können die Emotionen sehr schnell wechseln.

Aufmerksamkeit

Individualisten vergleichen sofort, insbesondere sich mit anderen: wer ist besser, wer hat es besser. Sie sehen bei anderen Menschen schnell das Bessere und das Gute im Fehlenden, deren Stärken, Fähigkeiten und Potenziale. Dabei schaut er zeitgleich auf das, was andere haben und im Vergleich zu sich, erscheint das Eigene eher blass und nichtig. Er bedauert es, diese Potenziale nicht zu haben. Individualisten haben daher einen latent neidischen Denk- und Bewertungsstil. „Ach, könnte ich das auch so gut wie du."

Vermeidungsverhalten

Individualisten vermeiden Durchschnittlichkeit und so zu sein wie die Anderen. Sie lieben

Originalität und mögen keine billigen Kopien. Daher erscheinen Individualisten anderen auch immer als geschmackvoll, außergewöhnlich, aber *niemals* gewöhnlich. Es erregt Aufsehen, wenn er den Raum betritt.

Abwehrstrategie

Sublimation[3] bzw. Introjektion[4], d.h. negative Emotionen anderer werden als eigene angenommen und zum Teil gelebt. Frustrationen werden in einen künstlerischen Ausdruck sublimiert – ein Stück Flucht aus der Wirklichkeit (das ist die umfunktionierende Notstrategie) und zugleich visueller Ausdruck, um verstehen zu können. Individualisten spüren das Negative intensiv und (Selbst-) Mitleid führt dazu, dass er das Leid anderer zu seinen eigenen machen und so intensiv fühlen können.

Bedürfnisse

Sie haben ein starkes Bedürfnis, sich selbst zu verstehen und einfach geliebt zu werden. Von den Menschen wünscht er sich persönliche Aufmerksamkeit, Bestätigung und emotionale Zuwendung. Es besteht ein starkes Bedürfnis nach einer starken und harmonischen Familie.

Angriffsstrategie (Anspruch/Erwartungen)

Individualisten wollen von anderen Menschen in Ihrer Einmaligkeit (Originalität) wahrgenommen werden. Sie lieben den emotionalen Tiefgang und mögen Sensibilität für den individuellen bewussten Ausdruck (z.B. Kunst, Mode, Extravaganz). Daher treten sie entweder extravagant oder zurückhaltend (einfarbig) auf – je nach Temperament, aber immer stilgerecht und die Details sind aufeinander abgestimmt.

Blindheit

Sie sind blind für die eigenen Fähigkeiten und Stärken. Sie können ihre Potenziale nicht richtig erkennen und schätzen. Das liegt u.a. in der instabilen Familie begründet. Die Eltern hatten mit sich zu tun, dass es fast nie zu wertschätzenden Äußerungen kam. Wie soll er da lernen, seine Potenziale richtig einschätzen und anerkennen zu können?

Falle

Individualisten verfallen gern in Dramatik, starke Emotionen und flüchten in Fantasien, auch in die Fantasie „Der muss das SO gemeint haben." Ihre Interpretation halten sie für wahr. Sie werden schnell emotional dramatisch. Sie werden zu melancholisch, schwelgen fast darin. Sie werden schwermütig und depressiv. In der Folge suchen sie verstärkter

---

[3] Schnelle Umkehr des jetzigen Zustandes (Begriff stammt aus der Chemie)
[4] Das Verinnerlichen von fremden Anschauungen und Werten.

nach der Echtheit, der Authentizität (auch im künstlerischen Ausdruck). Sie laufen Gefahr, sich in dieser Suche zu verstricken. In ihrer Umwelt werden Individualisten oft als arrogant und abgehoben erlebt, mit der Folge, dass sie sich als ablehnt wahrnehmen und so den negativen Kreislauf ankurbeln.

Streitressourcen

Mit ihrer Sensibilität können Individualisten sehr schnell Stimmungen aufnehmen und die Stärken der Menschen wahrnehmen. Eine weitere Stärke ist ihre Motivation, sich selbst (das wahre ICH) zu erforschen.

Entwickelte Individualisten können Fehlentwicklungen rechtzeitig erkennen/erspüren und gegensteuern. Das macht sie zu einfühlsamen Gesprächspartnern.

Entwicklung

Individualisten entwickeln und befreien sich aus ihren Grenzen, wenn sie mehr Balance (Gleichmut) in ihren Gefühlen zwischen emotionalen Hochs und Tiefs zeigen. Sie sollten sich auf authentische Gefühle für das einfache Glück konzentrieren, ihre Zufriedenheit auch im aktuellen Dasein spüren und auch mit normalen Wertmaßstäben bewerten. Im Leben mehr und mehr Normalität zulassen.

Sie sollten das Glas halb voll, statt halb leer sehen. Immer wieder kleine Reformen, bestimmte Veränderungen angehen und ins Ziel führen. Das ist effektiver, als wenn sie ihre Energie nur für die ganz große Reform einsetzen, auch wenn sie diese mehr motivieren sollten. So bekommen sie das Gefühl, sich richtig entschieden und sich weiterentwickelt zu haben.

Stabilisierte und gereifte Individualisten sehen die Dinge der Welt klarer und normaler. Sie haben sich verbindliche Wertvorstellungen und lebensnahe Prinzipien angeeignet. Das stärkt die innere Balance, die (familiäre) Identität und das innere Wohlgefühl. Der Individualist ist dann im Leben mit Stärke ankommen.

ERGO: Der Individualist ist positiv von Folgendem überzeugt:

- authentisch und selbstbewusst zu sein,
- seine eigene Balance und Identität zu leben,
- zu wissen, wer man ist und aus welcher Familie man kommt,
- seine Stärken zu wissen und zu leben,
- seine kreativen Stärken einzusetzen, auch empathisch,

- dass das Leben ein stetiger Prozess ist und sich der Mensch stetig erneuert und verändert.

M1 – Führungsstil

Der typische Führungsstil zeichnet sich durch ein **gewisses Flair** aus. Der Stil ist meist eine individuelle wie emotionale Mischung aus persönlicher und sehr symbiotischer Beziehung zwischen Ihren Mitarbeitern und Führungsperson: mit einer besonderen Sensibilität, Kreativität und explosivem Temperamentsmomenten, die im extremen auch häufiger auftreten.

Individualisten bevorzugen alltägliche Begegnungen, in der sie ihre Gefühle zum Ausdruck bringen und sich zugleich als Führungsperson selbst verwirklichen können. Gelingt ihnen dieses nur reduziert, dann werden die Mitarbeiter entsprechend trainiert. Sie identifizieren sich voll und leidenschaftlich mit Ihrer Aufgabe. Sie sind immer emotional engagiert beteiligt.

Denn sie wollen **Ziele erreichen**, um sich von anderen zu unterscheiden und können sich daher gut auf Wettbewerbssituationen einstellen. Sie nutzen und suchen Wettbewerbe, um sich zu präsentieren und sich darstellen zu können.

Sie wollen **erfolgreich sein**. Materielle Belohnungen und vor allem reichhaltige, qualitative Anerkennungen motivieren sie zusätzlich. Dadurch heben sie sich von anderen Führungspersonen ab. Versagen, z.B. Inkompetenz oder Schlampigkeit, wird von ihnen als persönliche Beleidigung aufgefasst und interpretiert.

Sie sind aktiv beim Anstreben unerreichbarer Ziele, aber bei der realen Durchführung beginnen die Probleme. Unter Umständen riskieren sie sogar den Bankrott. Lieber mit fliegenden Fahnen untergehen. Manchmal **sabotieren sie Ihren eigenen Erfolg**, wenn er ganz nah ist, auch wenn sie viel dafür investiert haben. Kurz vor Schluss wird alles über den Haufen geworfen. Es sei nicht gut genug und nicht besonders bzw. neu genug.

Sie neigen zu Übergenauigkeit in Bezug auf Sachkenntnis, Ästhetik und Geschick. Das erwarten sie auch von anderen. Dafür wollen sie zusätzliche Anerkennung bekommen.

Emotional unterliegen Sie schwankenden Tagesstimmungen – mal fröhlich, mal melancholisch, mal dramatisch, mal übergenau, mal ist es egal. Das erschwert ihrer Familie sie richtig einschätzen zu können. Tatsachen deuten sie oft durch ihre Gefühle, denn sie haben einen ausgesprochenen Sinn für die Gefühlsatmosphäre einer Situation. Das kann diese Situationen oft entschärfen.

Sie müssen jedoch lernen, **nicht alle Dinge persönlich zu nehmen**.

Einzelheiten und Verantwortung werden oft (zu) schnell von ihnen delegiert, besonders wenn sie unsicher sind und ihre Emotionen ins Schwanken geraten sind. Sie fühlen sich von Einzelheiten belastet und mögen keine Routine. Obwohl sie von anderen erwarten, dass diese ihre Verantwortungen immer tragen. Das macht sie zusätzlich ambivalent und unsicher. Das lässt sie auch erkennen, wo es noch fehlt.

Sie haben einen Sinn dafür, Menschen zusammenzubringen und brauchen auch die Beziehung zu Ihren Familienmitgliedern (bzw. im Beruf zu Ihren Mitarbeitern).

Sie haben die **Gabe, andere zu motivieren**. „Das kriegen wir hin!" Sie zeigen einfach das Besondere auf.

M1 - Konfliktverhalten

Individualisten sind sehr sensibel, feinfühlig, einfühlsam und neigen zu dramatischen Gedanken und Auftritten. Ihre Wut entspringt aus der Angst vor Enttäuschung, vor dem Allein gelassen werden. Daher werden Individualisten schnell melancholisch, als eine emotionale Reaktion auf die Bewusstwerdung, dass ihnen etwas fehlt (Beziehung). Sie werden in ihren Verhaltensweisen theatralisch, depressiv, beschäftigen sich viel mit sich selbst, wollen sich von anderen abgrenzen. „Es will ja keiner mit mir zu tun haben. Ich mache ja nichts richtig"

Sie agieren mit einem z.T. verwirrenden Wechselspiel zwischen Nähe und Distanz; Interesse und Desinteresse. Sind Menschen an ihnen interessiert, dann neigen sie dazu sich zurückzuziehen. Sie spielen damit, ob ihr Gegenüber ihnen folgt und sie Interesse spüren. Sie wollen sich selbst und andere verstehen. Individualisten gehen daher in Gesprächen gern auf Details ein und fragen genauer nach.

Sie wollen immer die volle Aufmerksamkeit. Sie möchten gern das Besondere, der/die Bevorzugte sein. Die kleine Diva, der kleine Prinz. Sie mögen das Gefühl der Einzigartigkeit, sogar in ihren Argumenten und Aussagen in Konflikten. „Emotional bin ich dramatisch wie niemand sonst und damit etwas Besonderes. Durch mein Leid stehe ich abseits." Das Besondere kompensiert das innere Leid aus der fehlenden Bindung. Daraus entsteht der Hang zum Tragischen und die Motivation zum Unerreichbaren (Überhöhtem).

Sie fühlen sich von Grenzerlebnissen, Grenzsituationen angezogen, um zu zeigen, dass sie zu Unrecht im Abseits stehen. Sie verabscheuen das Alltägliche und reagieren widerwillig auf die gleichen Abläufe und Rituale, denn darin ist nichts Besonderes. Es sei denn, es sind ihre eigenen selbst gewählten Rituale, wie Talisman, Lieblingstier, -puppe muss mit. Sie kaschieren damit das „Kleine-graue-Maus-Syndrom". Bekommen sie von anderen nicht die Aufmerksamkeit, dann reagieren sie gekränkt und sind beleidigt.

Sie vergleichen sich viel mit anderen Mitmenschen. Der Nährboden für neidvolle Gefühle und Gedanken. Das Glück der Anderen erregt neidvolle Gefühle. „Der darf das. Ich nicht." Gleichzeitig ist er unbewusst auf der Suche nach sich selbst. Sie scheinen darauf zu warten, dass das wohlige, herzliche Leben endlich richtig anfängt. Sie empfinden das Leben als emotionale Berg-und-Tal-Bahn. „Niemand leidet so wie ich."

Das Leben ist voller Schmerz, Leid und Ungerechtigkeit. Entweder ist alles herrlich oder alles grauenvoll. „Ich wäre nicht verlassen worden, wenn ich mehr Wert und in meiner Familie glücklich gewesen wäre." Kevin ist allein Zuhause. Ein einzigartiges Image soll diese Scham (Ich kann nicht mithalten) kompensieren, überspielen unter anderem mit Luxus, bestimmten Umgangsformen und Stimmungen (Dramen). Sie haben Sehnsucht nach dem, was zum Glück fehlt. Hieraus entwickeln sie eine Ungeduld gegenüber Mittelmäßigkeit und haben ein Faible für elitäre Maßstäbe.

Gerne konzentrieren sie sich in Konflikten auf das Unerreichbare, z.B. Gefühlsäußerungen / Körpersprache, immer der Bessere zu sein oder zu haben oder in ihren Forderungen. Das ist vorteilhaft für die Wiederholung des eigenen Leids und zur automatischen Selbstinitiierung des Neids. Täglich grüßt das Murmeltier. Sie probieren dabei gern verschiedene Situationen und „Spielpartner" aus, damit der Konflikt und die Emotion am Leben erhalten bleibt.

Ihre Konflikte halten zum Teil sehr lange an, besonders wenn sie von „Erfolg" gekrönt sind bzw. ihre Erfolge „dynamisch" wirken. Gerne mit Dramatik, Extravaganz und Melancholie. Insbesondere divenhafte Auftritte sind die „Krönung". Die Aufmerksamkeit ist sofort auf einen gerichtet. Und jeder Auftritt lässt sich individuell kreieren, damit es nur nicht langweilig wird. Und es gibt so viele kreative Varianten. Die muss man doch zeigen. Das erwartet mein Publikum. Stimulanz und Stimulanzien bereichern das Leben und die Konflikte. Die Motivationen wechseln schnell, wenn das Augenblickliche trendy, d.h. gewöhnlich, wird.

Individualisten sind oft einsame Seelen und empfinden sich auch so. Sie sind auf der Suche nach Schönheit und Befriedigung ihrer Sehnsucht. Sie fühlen sich daher von (tragischen) Grenzerlebnissen, Grenzsituationen angezogen. Das Tragische, das Unerreichbare spricht sie an. Beides beinhaltet die Thematik Leid und Neid, wenn andere das Unerreichbare haben.

Sie leben in einer mythischen Zeit, mögen mythische Spiele oder hören gern solchen Geschichten zu. Flexible Fantasien beflügeln den Konflikt. Motivieren zu (weiteren) interessanten Geschichten, Mythen und Gerüchten. Man kann ja im Konflikt „ein wenig" mit einer guten Story nachhelfen. Und so ein Gerücht ist ein brauchbares Element. Fake News sind durch aus wirkungsvoll. Und: man muss sie erst widerlegen. Sie machen Banalitäten unter Umständen zu bedeutsamen Ereignissen (aus einer Mücke einen Elefanten machen). Das Leben hat etwas Schicksalhaftes.

Individualisten reagieren gereizt auf strenge Regeln und engen Spielräume. Darüber wird gerne gemeckert und sich beschert. Das engt die Fantasie und das Originelle an einem Konfliktverlauf ein. Sie mögen zum einen keine Fremdbestimmung und zum anderen geben sie den Spielen so eine „exquisite Note". Sie verändern auch gern die Regeln, erfinden neue und testen dabei auch neue Grenzen aus.

Individualisten lassen in Konflikten andere schnell fallen, weil man selbst schnell verlassen wurde. Sie verstoßen, so wie sie selbst aus dem familiären Paradies verstoßen wurde/wird.

Sie nehmen Kritik ausgesprochen persönlich. Kritik heißt, man war unzulänglich. Sie schämen sich, wenn sie versagen. Sie fühlen sich gelegentlich unzulänglich, was das emotionale Drama verstärkt. Sie werden in Konflikten gegenüber Konkurrenten sehr bissig. Sie sind sehr kritisch und ärgern sich, weil jemand etwas richtig macht. Daher verwechseln sie gern sachliche Kritik mit persönlicher Zurückweisung. Sie ziehen sich schnell zurück und schmollen. Man hat (wieder) nicht genügt, mögliche Erwartungen nicht erfüllt. Sie fühlen sich schuldig, weil sie ihre eigenen Erwartungen nicht erfüllen. Sie halten als Gegenreaktion Moralpredigten.

Durch das Rückzugverhalten kann es dazu kommen, dass sie sich einsam fühlen, Momente der Einsamkeit, des Alleinseins empfinden, selbst wenn sie mit Freunden zusammen sind. Das ist gut an Tagen möglich, wenn der Individualist viel grübelt, sehr nachdenklich und melancholisch wirkt. Er denkt dann über negative Gefühle nach, bevor er sich davon befreien kann und es ihm wieder emotional gut geht. Individualisten können oft selbst nicht sagen, warum es so ist. In diesen Augenblicken wünschen sie sich oft einen „Befreier", einen „Helden", der sie vom ganzen (emotionalen) Elend (Familie, Gefühl, fehlende Ich-Stärke) befreit und sie in eine bessere Welt führt.

Sie stellen schnell die Frage: „Auf welcher Seite stehst Du?" oder „Wer hat die Macht?", „Dir werde ich es schon zeigen!" (Konkurrenzverhalten).

TIPP bzw. VORSICHT: Sagen Sie nie zu diesem Typus, er sei überempfindlich oder würde überreagieren.

Der Sprachstil kann geprägt sein von: Lamentieren, jammernder Traurigkeit, Klatsch und Tratsch. Auch hier wird die Gefühlsklaviatur kräftig gespielt. Typische Sätze sind: „Was Du tust/sagst, tut mir weh", „Damit kann ich leben/nicht leben", „Das passiert immer mir", „Und das sagt *der* mir!"

M1 - Stress-, Druckverhalten

Sie geraten unter Stress/Druck, wenn man sie nicht beachtet, sie nicht wertschätzt. Dann wird der Individualist traurig, empfindet emotionale, psychosomatische Schmerzen, leidet unter Verlustängsten. Ihre Gefühle sind dann sehr unbeständig und wechselhaft. In diesen Situationen geben sie schnell auf, besonders wenn es hart auf hart zugeht. Meistens versuchen sie vor der Aufgabe die Situation bzw. die Stimmung zu manipulieren, z.B. durch Opferhaltung, Drohungen, Lügen/Fantasiewelt, geheimnisvoller Außenseiter. Durch ihre Wechselhaftigkeit und das Leben in einer Fantasiewelt begeben sich die Individualisten, wenn es ihnen sehr schlecht geht, noch mehr ins Abseits. Es entsteht eine negative Emotionsspirale.

In schlechten Zeiten träumt er von einer besseren Welt. Der Individualist hat das Gefühl, etwas zu entbehren, ist latent verletzlich und sehr sensibel. Dies wird gelegentlich mit machtvollem Auftreten kompensiert, es will sich behaupten. Dann wirkt es spröde, hart und ohne Wärme. Das kommt aus dem Gefühl des Makels.

In ihm spricht eine überkritische innere Stimme, die vor allem das Fehlende thematisiert und damit Neid fördert. Dadurch neigt er dazu, Dinge (z.B. Erbautes) kurz vor dem Ende zu **zerstören, weil es nicht gut genug ist** und der andere Turm besser aussieht. Sie durchlaufen dann einen Zyklus von Verlangen, Erringen, Enttäuschtsein (nicht gut genug) und Ablehnung (dich wollen wir nicht). Es zieht ihn zum Unerreichbaren hin, und stoßen es beiseite, wenn es in Reichweite kommt.

Andererseits erwartet der Individualist aufgrund eigener Minderwertigkeitsgefühle ständig Bewunderung für seine Gaben und Talente. Ist die Leidenschaft stark vorhanden, trainiert es sehr hart und ehrgeizig. So entwickelt es sich u.U. zu einem Ausnahmetalent.

Der Individualist fühlt sich schnell als „**Opfer der Verhältnisse**". Er macht alles für die anderen, ohne bewusst zu merken, dass sie es für sich selbst tun. Er wendet sich in dieser Zeit verstärkt Menschen und Projekten zu, da sie diesen Zustand nicht lange aushalten. Er erhöht seine Arbeitslast und neigt dazu auszulaugen.

Trübe Stimmungen und das Demonstrieren des Verletztseins (Selbstmitleid) zeigen den beginnenden Rückzug an. Wenn der Individualist zu sehr enttäuscht wurde oder erschöpft ist, dann neigt er dazu, sich mit einem Auftritt, der leicht überheblich-arrogant wirken kann, zurückzuziehen.

Er nimmt es persönlich und findet es abscheulich bzw. unverschämt, wenn Menschen mit wenig Feingefühl agieren (ihnen oder anderen gegenüber). Dabei lassen sie es selbst in manchen Situationen an Feingefühl vermissen.

Sie geraten unter Stress, wenn sie sich zu sehr auf andere konzentrieren und ihnen unbedingt helfen wollen. Sie sind gekränkt, wenn der Andere ihre Hilfe bzw. ihren Rat nicht annehmen will.

Der Individualist reagiert unter Stress mit Träumen, kreativer Abwesenheit mit farbigen, wunderschönen Fantasien. Er malt sich eine bessere Zukunft aus, besonders wenn der Alltag ernüchternd und enttäuschend ist.

Um negative Gefühle und Erlebnisse zu kompensieren, neigt er zu **Verschwendungssucht**. Verliebt sich gern und schnell in neue Dinge und Menschen. Er wirkt unstet und (unbewusst) getrieben.

In **Notsituationen** neigen Individualisten dazu, deprimiert, unsicher, in sich gekehrt, inkonsequent, ein Moralprediger, stur, launenhaft, divenhaft, nur mit sich selbst beschäftigt und schuldbeladen zu sein.

Er ist nachtragend, auch weil er seine eigenen Bedürfnisse verleugnet, sie nicht kommuniziert. Das verstärkt die Sehnsucht nach dem, was es nicht hat. Der Individualist spürt in trüben Zeiten seine innere Leere und besonders seine Verzweiflung. Zuweilen empfindet er dann Selbsthass, kombiniert mit Scham. Dass er nicht verdient, geliebt zu werden. Er fühlt sich schuldig, wenn er andere enttäuscht. Es meldet sich die Angst, verlassen zu werden.

Aber auch: Dramatisiertes Gefühlsleben, sie fühlen anders als andere, nehmen

Sonderrechte für sich in Anspruch, geben sich elitär, selbstmitleidig, wehleidig, sich selbst im Wege stehend, depressiv, blockiert, emotional gelähmt, dekadent, selbstverachtend, von Selbstvorwürfen gequält, verzweifelt, hoffnungslos, selbstzerstörerisch, Selbsthass, sich selbst gegenüber zu nachgiebig, macht sich Illusionen, wird zum Träumer, agiert unpraktisch, unproduktiv, kraftlos, affektiert, suchen das nicht Anwesende/ Unerreichbare, Unzufriedenheit mit Vorhandenem/der Gegenwart. Sie erwarten zu viel von sich und vom Leben.

Wenn es ganz schlimm wird, dann entsteht ein depressives Gefühl der Entfremdung, mit extremen Sensibilitäten, Hoffnungslosigkeit, des Schwarzsehens, dem negieren positiver Aspekte. Lieber mit fliegenden Fahnen und hoher Feindseligkeit (Hass) untergehen. Manchmal sabotieren sie ihren eigenen Erfolg, wenn er ganz nah ist, auch wenn sie viel dafür investiert haben.

Er kann *hyperaktiv* sein, um einsetzende Depressionen zu kompensieren oder das Besondere zu erreichen.

Der Individualist klammert sich an andere. Andere müssen ihn unbedingt mögen und lieben. Da er als Kind einen gewissen Selbsthass entwickelte, zerstört er gleichzeitig Beziehungen, indem er manipuliert, fordert, egozentrisch wird – für Schwierigkeiten sorgt. Das Kind glaubte unbewusst, dass würde seine innere Leere auffüllen und seine innere Einsamkeit aufheben. Unter Umständen wird es psychosomatisch krank, damit sich jemand um ihn kümmert oder die Familie einen Mittelpunkt hat, um wieder zusammenzukommen.

M1 - Individualisten in Friedenszeiten / Mentale Stärken

An guten, normalen Tagen sind Individualisten warmherzig, mitfühlend, verinnerlicht, intuitiv, ausdrucksvoll, hilfsbereit, selbst zentriert, differenziert und schöpferisch. Empfinden sich positiv und ausbalanciert einmalig. Haben ein Gespür für sich selbst und das eigene Selbstwertgefühl. Daraus gewinnen sie Energie für sinnvolle Tätigkeiten. Selbstdisziplin ist wie von selbst möglich. Alles ist emotional in Ordnung. Sie sind dann humorvoll, verbreiten viel Freude und Wortwitz.

Sie sehen einen Sinn im Leben und können die Realität akzeptieren wie sie ist. Dann können sie ihre Sensibilität mit Gefühlstiefe verbinden. Können die Gefühle der Mitmenschen sofort aufnehmen.

Sie können Beziehungen sehr herzlich gestalten. Sie sind in Familien der emotionale Kümmerer, damit kompensieren sie auch das Kindheitsgefühl von Verlassensein, Unverstandensein.

An positiven Tagen zeigen Individualisten auch folgende Eigenschaften: inspiriert, schöpferisch, intuitiv, natürlich, nachdenklich, selbstbewusste Selbstkritik, kreativ, offen, aufrichtig, ernst und heiter, sensibel, tief mitfühlend, selbstdiszipliniert, hat Gespür und Urteilsvermögen für das Schöne und Elegante, charmant, loyal in Freundschaften, sich einfühlend, das Leid anderer Menschen verstehend, andere zu Sinn und neuen Bewusstseinstiefen führend, originell, strukturiert, stabil, zuverlässig, praktisch, liebt die Vielfalt des Lebens.

Wenn es besonders schön ist, dann entwickelt der Individualist Disziplin und Selbstbeherrschung. Sie leben mehr im Hier und Jetzt, in der Gegenwart. Das benötigen sie auch, um ihr kreatives Potenzial verwirklichen zu können. Sie spielen mit hohem Engagement. Sie spielen praktischer und tragen mehr zur Problemlösung bei. Sie betonen zudem stärker ihre positiven Seiten und wollen als Folge (mehr Selbstvertrauen und Ich-Identität) weniger von anderen bewundert werden. Sie handeln mehr nach *ihren* Idealen und Prinzipien und lassen sich weniger von ihren Gefühlen leiten.

Mentalität 2: Der Macher

(der Lügner, der Erfolgssuchende)

Motivbasis

Der Macher ist **beziehungsorientiert** und wurde mit der Dominanzmotivation *blockiert*.

„Nur wenn Du etwas Wertvolles machst und Erfolge feierst (Handeln/Dominanz), bekommst du Anerkennung (Beziehung/Wertschätzung)."

Die ersten Lebensjahre

Das Motto ist immer: die Nummer 1 zu sein. Erfolgsstreben steht in den Familienglaubenssätzen und Werten hoch im Kurs und ist die Basis für alles. Entsprechend wurden Macher von ihren Eltern oder einem Elternteil auffällig nur durch Lob wertgeschätzt und beachtet, wenn sie erfolgreich und wesentlich besser als andere sind. Das Kind musste für anerkennende Gesten etwas Wertvolles getan oder produziert haben, etwas Gutes vorweisen und sich gut im Sinne der Familienwerte benommen haben. Es hieß nicht: „Schön, dass Du da bist, so wie Du bist", sondern: „Schön und gut bist Du, wenn Du Erfolg hast."

Entsprechend glaubten Macher als Kind nicht, dass man sie um ihrer selbst willen lieben würde. „Um liebenswert zu sein, musst Du etwas tun, etwas wissen und erfolgreich sein." Sie erfüllen oft die Träume und Erwartungen ihrer Familie, meist des Vaters. Zweier sind oft frühreif und altklug. In der Regel wurden sie von anderen Kindern und Erwachsenen gemocht. Hieraus entwickelt sich Stolz und das typische Selbstwertgefühl eines Machers.

Die extreme Leistungsorientierung fördert den Zugriff und die Nutzung von unlauteren Mitteln und Verführungskünsten (Business: Werbung, Imageaufbau). Wenn das Schummeln hilft, dann… Im Sport ist der Griff nach Doping eben von Vorteil. Schneller, höher, weiter. „Ich muss mithalten. Sonst gibt es keine Anerkennung, Bewunderung, Liebe. Die ganze Arbeit und Schinderei für nichts." Kommt Ihnen das in Bezug auf unser Wirtschaftssystem bekannt vor? Oder Schule? Diese charakterprägende Strategie kommt auch zum Zuge, wenn das Kind selbst einen inneren starken Ehrgeiz hat und es deutlich sichtbar mit Anerkennung verbindet. Extreme Leistungsidentität ist eine kulturelle Frage und eine Überlebensstrategie[5].

Leistung und Image (im Sinne von Konformgehen mit allgemein anerkannten Vorstellungen) galt in deren Familie mehr als emotionale Beziehungen. Es galt sich in der Familie durch Erfolge vorzeigbar zu machen. Man war ein Vorzeigeobjekt. Das fördert die Motivation, sich noch mehr anzustrengen. Entsprechend kann ich / können wir noch mehr an Pokalen etc. vorzeigen. Wir sind, was wir haben. Das Sein bestimmt sich durch Erfolg. Mit der Zeit vertieft sich der Glaubenssatz: „Ich darf nur sein, wenn ich Erfolg habe." Im Extremfall gab es in der Familie außer Karrierestreben keinen anderen Sinnzusammenhang inkl. Vernachlässigung anderer Bereiche, wie Gesundheit, Entspannung, Freunde. „Sorry, wir haben keine Zeit. Wir müssen zum …, und dann zum …." Man pflegt Aktionsabschnittsfreundschaften, was anderes ist auch nicht möglich. Neben blinden Aktionismus ist dieses Verhalten ein Alarmzeichen. So manche 2er-Familien gehen auseinander, Eltern lassen sich scheiden, wenn der Erfolg ausbleibt.

Sie gehörten zu den fähigsten und verantwortungsvollsten Kindern in der Schule. Sie waren eventuell in Schulgremien Vertreter ihrer Mitschüler.

Die 12 Apostel eines Machers

Identität
„Ich bin erfolgreich und werde bewundert." Ich will ein Gewinner (No.1) sein, ein Macher und kann damit jeden beeindrucken. Ich bin, was ich mache. Ich bin erfolgsorientiert.

Innerer Konflikt (Kernproblematik)
Täuschung/Lüge
Macher neigen dazu mit der Wahrheit „locker" umzugehen, um ihren Erfolg zu sichern, sonst entsteht sofort das negative Gefühl der fehlenden Anerkennung, der fehlenden Nähe, des Nichtgeliebtwerdens.
Die Täuschung liegt darin, dass sie die gewünschte Außenwirkung für die (ihre) wahre Identität halten. Macher geben sich anders als sie sind. Sagen etwas anderes, als sie wirklich denken. Sie verlieren mit dieser Strategie weitgehend den Kontakt zu ihrer inneren Gefühlswelt und könnten zu einem freudlosen, nichtauthentischen Workaholic werden (auch im Urlaub), dem keiner so richtig traut. Sie werden dann nur solange akzeptiert wie Sie Erfolg haben. Kein Erfolg, keine Faszination auf andere (ein Nichts sein), keine

---

[5] Wie alle neun Mentalitäten. Nur mit einem eigenen Schwerpunkt und Überzeugungen.

Beziehungsbasis. Sie sitzen in einer emotionalen Zwickmühle fest. Applaus im Hamsterrad oder (scheinbar) keine andere Möglichkeit Anerkennung und Liebe zu bekommen.

Die Hauptemotionen im Konflikt: Trauer/Wut

Angst vor Ablehnung und Versagen. Nur so viel wert zu sein, wie man seine Leistung umsetzen kann, denn es gilt das Motto: „Den Sieger liebt die Welt; für Verlierer bleibt nichts." Daher zeigen Macher immer ihre „Schokoladenseite". Teilweise werden die eigenen Fähigkeiten übertrieben und sehr imageträchtig dargestellt.

Aufmerksamkeit

Leistungen, Konkurrenzdenken und das aktive Zeigen materieller Werte/Statussymbole.

Vermeidungsverhalten

Sie haben Angst vor ihrem Versagen und Misserfolg. Das meiden Macher und damit auch Menschen, die nicht in ihren Augen erfolgreich sind. Loser, Hartz IV, Schmarotzer verabscheuen Macher. Sie sind nichts wert. Sie gefährden archaisch gesprochen die Familie, die Gruppe. Sie tragen nichts zum Überleben bei.

Abwehrstrategie

Sie agieren mit angepasster, gespielter Identifikation, um der Angst vor Ablehnung zu entgehen. „Ich passe mich der Welt an." In der Not tricksen Macher, um gut dazustehen. Und deswegen nutzen sie auch intrigante Spiele. Angeberei ist ein weiteres Abwehrverhalten.

Bedürfnis

Das stärkste Bedürfnis ist von Mitmenschen für ihre Leistungen anerkannt, begehrt und geliebt zu werden. Dafür knüpfen sie durch Beziehungspflege ein weitreichendes Netzwerk. Leistung und Beifall sind für den Macher gewinnbringende Werte.

Angriffsstrategie (Anspruch/Erwartungen)

Ihre eigene Lebensphilosophie stülpen sie allen Menschen über. Ohne Ausnahme. Sie argumentieren dabei schnell, setzen Worte eloquent, legen Finten. So zeigen sie auch im Angriff ihre Tüchtigkeit und Entschlossenheit. Sie bringen im Streit den anderen auf Distanz durch Abwertung. „Du bist nichts wert." Sie zeigen deutlich, wer den höheren Status, das höhere Niveau hat. Werden sie bei einer vermuteten Unwahrheit erwischt, parieren sie oft mit: „Das haben Sie falsch verstanden." Sie müssen die Lüge detailliert nachweisen.

Blindheit

Sie haben eine neblige Wahrnehmung über tiefere Eigenschaften eines Menschen, weil der Blick auf Äußerlichkeiten und Statussymbole fixiert ist. Sie erkennen gute menschliche Charaktereigenschaften bei einem „Loser" meistens nicht auf den ersten Blicken. Das wollen sie auch nicht gerne wahrnehmen.

Falle

Konkurrieren und täuschen nutzen Macher, um ihr Image des Erfolgs aufrechtzuerhalten. Es besteht die große Gefahr des Lügens, in ihrer Eitelkeit und Selbsttäuschung. Ihr pragmatisches Handeln passen Sie an – gegebenenfalls interpretieren Sie Misserfolge zu Erfolgen. Ihre (eitle) Selbstdarstellung können Sie den Gegebenheiten schnell anpassen. Manchmal kann man mit einer Gegenlüge einen Macher schachmatt setzen. Er müsste zugeben, dass er auch gelogen hat.

Streitressourcen

Sie können sich auf andere einstimmen (Feingefühl) und wissen, was ankommt und was nicht. Sie sind Meister der Manipulation. Wenn Macher es ernst meinen, dann führen sie einen Konflikt auch zu einem guten Ende. Sie verstehen, dass sie durch die neue Vereinbarung mehr Anerkennung bekommen als durch konkurrierendes Verhalten. Man definiert die Inhalte der Anerkennung neu.

Entwicklung

Macher sollten mit Aufrichtigkeit und Wahrheit den Zugang zu ihren eigenen Gefühlen, den Zugang zu ihrem Herzen öffnen. In der Folge werden sie die eigenen Fähigkeiten und die wirklichen Beziehungsfaktoren objektiver und wahrhaftiger beurteilen. Nutzen sie ihre Erkenntnismotivation für wahrhaftige Lösungen und Analysen.

Trauen Macher sich so zu sein wie sie im Inneren wirklich sind, öffnen sie neue Wege und eine neue Definition des Seindürfens, auch ohne Leistung. Macher sollten lernen, über ihre Ängste und Schwächen mit einer vertrauensvollen Person zu reden. Dadurch können sie echte Zuneigungen, die auf Ehrlichkeit und Wertschätzung beruhen, kennenlernen. Sie selbst werden authentischer und wahrhaftiger. Damit können Sie Ihre Energien für ein wirklich interessantes und tief fühlendes Leben führen. Sie entdecken ihre wahre Identität.

Der Macher ist positiv von Folgendem überzeugt:
- vorbehaltlos geliebt zu werden,
- wahrhaftig und authentisch zu sein,
- an die Aufgaben heranzugehen, dafür zu arbeiten und
  erfolgreich zu beenden,

- sich anpassen zu können und sich zu identifizieren,
- von sich aus Kontakte zu knüpfen.

M2 – Führungsstil

Als Macher sind Ziele und Projekte oft wichtiger als ihre Mitmenschen. Das lässt sie in kritischen Situationen gefühllos wirken. Zudem legen sie in Projekten meist ein hohes Tempo vor. Ihr Tag ist mit vielen Aktivitäten verplant. Sie stellen an sich und andere hohe Ansprüche, sind gegenüber Ineffektivität, Nachlässigkeit oder Faulheit intolerant. Sie bewundern selbstständige, kreative und produktive Menschen, bringen dies aber selten zum Ausdruck.

Sie erwarten von Anderen viel: Ehrgeiz, Verantwortungsbewusstsein und Ordnung. In dieser Philosophie ist Ihr Führungsstil leitungsorientiert, aktiv, beständig, verlässlich, loyal. Sie bevorzugen ein Führungskonzept mit vertrauensvollen, kompetenten und klaren Inhalten und einem erfolgreichen Miteinander. Team of success – ein bindendes Einheitsgefühl.

Sie sind ein guter Kapitän ihres siegreichen Schiffes (Naja, am liebsten eine imposante Yacht). Sie fördern im günstigen Fall Selbstdarstellung, Freiheit, Aktivität und Wachstum ihrer Teammitglieder. Im ungünstigen Fall sind Sie fordernd, kalt, herzlos, berechnend, unpersönlich und extravagant.

Sie lassen sich in der Regel auch nicht von Widerständen stoppen. Dann wird gekämpft, mit erlaubten und nicht erlaubten Methoden.

Sie haben eine gute Begabung für Ideen und Kommunikation. Sie vertreten die Haltung „Alles ist machbar!" Sie arbeiten Ideen mit Ihrem Team aus und setzen diese erfolgreich um, wenn Sie nicht selbst der faszinierte Ideengeber sind. „Das ist doch eine gute Idee. Das machen wir jetzt. Ja!?" Hören Sie ein Nein, dann wird solange überzeugt und mit Belohnungen „bestochen", bis man ja sagt oder die Stimmung explosiv wird. Sie können dann nicht so gut zuhören und üben stattdessen in Ihrem Führungsstil beständigen, intensiven Aktivitätsdruck (Produktivität) aus.

Sie üben gern Macht durch Dynamik über andere aus. Sie wirken und handeln dynamisch, energisch, optimistisch, schnell handelnd, gerne (nur) das Positive sehend. Zufrieden sein heißt erfolgreich sein. Die Welt liebt nun einmal Sieger!!! Der Zweite ist keine Schlagzeile! Mit Routine tun sie sich schwer. Das ist langweilig und schließlich haben Macher mehr zu bieten. Zudem sind sie ungeduldig. Dann geht auch schon mal Quantität vor Qualität.

Sie sind hin und her gerissen zwischen dem Wunsch im Beruf/Sport viel Zeit zu verbringen und Kontakt zu ihren Kindern/Familie zu pflegen. Ein Spagat. Um das schlechte Gewissen zu beruhigen, schenken sie ihren Kindern als Entschuldigung viel und teures Spielzeug. Sachen / Objekte statt Zeit und Beziehung.

M2 - Konfliktverhalten

Der innige Wunsch nach Anerkennung, fördert den Erwartungen zu entsprechen. Das motiviert sie zusätzlich eine Schippe zuzulegen. Macher können sich für Aktivitäten mit Erfolgsaussichten, mit Charme und Begeisterungsfähigkeit motivieren. Und werden auch gern so „motiviert". Status, positives Image, Belohnungen, Beförderungen, Auszeichnungen motivieren sie stark. Hierfür werfen sie sich ins Zeug und agieren intensiv dafür.

Problematisch wird es, wenn Macher mehr Wert auf den schnellen Erfolg legen, anstatt das Lernen auch als Prozess zu sehen. Der Grund liegt in ihrer Ergebnisorientierung. Ihr Selbstwertgefühl ist davon abhängig, was in ihren Augen erfolgreich ist und vor allem, wie andere wichtige Bezugspersonen das GeMACHTe beurteilen. Sie identifizieren sich stark mit ihren Erfolgen. „Liebe und bewundere mich für das, was ich geleistet habe."

In vielen Konflikten dreht es sich genau genommen nur darum. „Ich leiste viel und Du nichts. Du bist undankbar. Hast alles bekommen. Du bist faul und nutzlos." Oder: „Verweigere mir nicht die Anerkennung für meine Top-Leistungen." Sie werden ungeduldig, wenn sie auf unfähige Menschen stoßen. Dann sind sie wütend, sehr geradeaus und taktlos. Sie haben gegebenenfalls Angst, durch die Unfähigkeit des anderen Kindes die Kontrolle über das erfolgreiche Spiel zu verlieren. Das macht sie unsicher. Denn sie wollen für ihre Erfolge und Siege bewundert werden.

Macher sind **emotional.** Im Positiven geprägt von Freude und Wut (hier: Mut), im Negativen von Trauer (Enttäuschung) und Ekel (mit dir nicht, können sehr gemein (eklig) werden). In kritischen Situationen geraten Macher aus Enttäuschung (Trauer) schnell in Wut. Insbesondere wenn man STOPP (REIZWORT) sagt oder Macher „schlechte Nachrichten" hören, weil sie etwas nicht dürfen, ihnen etwas untersagt wird. Damit wird der „Erfolgsprozess" gestoppt und das mögen Macher nicht.

Sie reagieren auf Gefühle des Verletztseins und Schmerzen mit emotionalem Rückzug und verstärkter Aktivität. So halten Macher Mitmenschen auf Distanz. „Wenn nicht mit mir, dann auch keine Nähe." Das ist das Erlebnismuster mit den eigenen Eltern: „Wenn Du nicht willst wie wir, dann gibt es auch keine Nähe." Nichtanerkennung führt auch zu

Konkurrenz und zu Konflikten. Am besten geht man diesem Machtkampf durch ein effektives Zusammenspiel am gleichen Ziel aus dem Weg. Wenn der Konflikt allerdings eskaliert, kann das auch zu „Krieg" führen.

Macher können persönliche Kritik nur schwer annehmen. Sie haben den Drang eigene Fehler zu vergessen oder in Erfolg umzumünzen. Kritik am liebsten nur in Verbindung mit konkreten Verbesserungsvorschlägen (Optimierungen, bessere Erfolgsstrategien).

Macher werden in Diskussionen schnell ungeduldig und gereizt. Sie gehen leicht in Konkurrenz- und Machtkämpfe, obwohl sie generell keine Konfrontationen mögen. Der innere Treiber ist die Ergebnisorientierung und damit verbundene Wettbewerbssituation um Anerkennung. Wer ist die No.1 beim Chef? Wer ist der Top-Verkäufer? Wer ist besser? Sie mögen Wettbewerbe.

Macher sind Meister in der Wandlung. Ändern sich die Wertmaßstäbe und die Erwartungen, ändern sich Macher sofort, damit das positive und gute Image erhalten bleibt, man weiter anerkannt und geliebt wird. Sie sind Meister der Anpassung und des äußeren Scheins (Image).

Das nutzen sie in Konflikten sehr gezielt: Schmeicheln sehr gekonnt, legen von Finten, Unwahrheiten, verdrehen von Tatsachen („Haben Sie falsch verstanden!") etc. Dabei agieren sie mit einem hohen Tempo. Schnelligkeit ist eine Erfolgsmethode zu siegen.

Macher werden paradoxerweise zaghaft und ängstlich, wenn sie eine sichere Bindung eingehen. Sie entdecken dann ihre wahren Gefühle, ein anderes angenehmeres Spielverhalten, ihr Einfühlungsvermögen und ihre emotionale Loyalität nehmen folglich zu.

M2 - Stress-, Druckverhalten

Macher geraten unter Stress/Druck, wenn man sie zur Untätigkeit verdammt (Langeweile) oder ihre Leistungen nicht würdigt. Dann erhöhen sie den inneren Druck. Sie legen an Tempo zu, aus Angst, ein Spiel könnte nicht erfolgreich sein. Diesen Druck geben sie auch an ihre Mitspieler (Mitarbeiter) weiter. Sie werden hippelig und kommentieren, z.B. weiter entschlossen alles zu geben und sich dabei zu beeilen. „Wir müssen besser und schneller sein."

Auch unter Stress wirken sie nach außen hin entschlossen und engagiert. Allerdings geraten sie stark unter Stress, wenn ihr Erfolgsprogramm durchkreuzt wird. Dann werden sie antriebslos, phlegmatisch und deprimiert, weil sie dann mit ihrer inneren Leere berührt werden.

Unter Druck interpretieren sie Misserfolge in Erfolge um. Stellen die Dinge unwahr dar oder betonen den Anteil am Erfolg stärker und negieren ihren Anteil am Misserfolg. „Ich habe damit nichts zu tun. Das war ich nicht." Sie fangen an, sich zu rechtfertigen.

Negative Gefühle lösen in Machern ein alternativ-positives Handeln aus. „Lass uns Spaß haben". Sprich, sie lösen bei ihnen sofortige Handlungsimpulse aus. Das Handeln unterbricht ihre negative Gefühlslage. Im Handeln liegt Hoffnung auf Besserung. Leistungskinder können sehr geschockt sein, wenn ein Gefühl hochkommt, dass sie dazu bringt, ihre Aufmerksamkeit nach innen zu richten und ihre Aktivitäten zeitweise ruhen lassen.

In **Notsituationen** neigen sie dazu, hinterlistig, eigensüchtig, großspurig, eitel, oberflächlich, rachsüchtig, betrügerisch, unaufrichtig zu sein. Sie halten die Fassade aufrecht, sind berechnend, schneiden auf, setzen sich selbst ins beste Licht, verkaufen sich gut, sind arrogant, narzisstisch, andere verachtend. Emotionen werden ausgeblendet, Sie passen sich intuitiv an Situationen an und sind aggressiv. Sie haben eine Höllenangst, nicht erfolgreich zu sein. Daher müssen sie manchmal eine Maske aufsetzen, um andere zu täuschen und zu beeindrucken.

Wenn es schlimm wird, dann trennen sie sich immer mehr von ihren Gefühlen, stumpfen ab und reagieren mit emotionsloser Feindseligkeit. Sie werden unentschlossen und schieben Dinge auf. In der Folge verfallen sie in Untätigkeit. Sie sind hektisch und ineffizient. Weisen andere Menschen das Kind darauf hin, reagiert es passiv-aggressiv.

Vernachlässigen sie sich, dann neigen sie auch zu Süchten und Drogen.

M2 - Macher in Friedenszeiten / Mentale Stärken

An guten, normalen Tagen sind Macher optimistisch, zuversichtlich, freundlich, spielen gern (arbeitsam), tüchtig/fleißig, antriebsstark, energetisch, ehrgeizig, Prestige und Erfolge sind wichtig, pragmatisch agierend, zielorientiert, sind mitreißend.

An positiven, reiferen Tagen zeigen Macher auch diese Eigenschaften: Ehrlichkeit, sich der inneren Wahrheit stellend. Sie sind authentisch, selbstsicher, anpassungsfähig, zuverlässig, wahrhaftig, Ehrgeiz - auch innerlich - an sich zu arbeiten und etwas Besonderes zu werden, führend, stark motivierend, effektiv, organisierend, begeisterungsfähig, unterhaltsam, vielseitig interessiert, unabhängig, setzen sich ein, fantasievoll.

Wenn es besonders schön ist, sind Macher sicher und fühlen sich geborgen, dann sind sie aufrichtiger und sozial engagierter. Sie verbringen mehr Zeit mit Familie und Freunden. Sie betrachten mehr, was für alle von Vorteil sein kann, weil sie einen besseren Kontakt zu ihren Gefühlen haben. Aber die Kinder werden dadurch auch verletzlicher.

Mentalität 3: Der Helfer
(Der Stolze, der Teamplayer)

Motivbasis

Der Helfer ist **beziehungsorientiert** und wurde in der Beziehungsmotivation *überentwickelt*.

„Nur wenn Du anderen hilfst und für sie da bist (Beziehung/Nähe), bekommst du Anerkennung (Beziehung/Liebe)."

Die ersten Lebensjahre

Schon als Kind haben Helfer die Erfahrung gemacht, viel Zuwendung und Anerkennung zu bekommen, wenn sie sich um die Bedürfnisse der Anderen kümmern. Sie haben gelernt, für andere da zu sein, ihnen zu helfen. Sie haben auch gelernt, dass andere Kinder Vorrang haben: Lob für Rücksichtnahme, Hilfe und Geben und Nehmen. Dafür wurden sie positiv belohnt und bekamen Zuneigung/Wertschätzung. Dabei lernten sie ihre eigenen Bedürfnisse zu übergehen. Denn sie gaben sich alle Mühe, ihre Eltern mit ihrer Hilfsbereitschaft und Einsicht zufrieden zu stellen. Sie gaben sich fügsam. Ebenso haben sie eben frühzeitig gelernt, lieb und nett zu sein.

Sie waren eher scheu, schüchtern und etwas altklug, wenn sie introvertiert sind. Extrovertierte Helfer spielen gern Theater, sind witzig (auch Comedy), gehen auf Menschen aktiv zu.

Helfer haben u.U. früh gelernt, auf ihre Geschwister aufzupassen und für sie Verantwortung zu tragen, im Haushalt mitzuhelfen.

Ihr Selbstwertgefühl ist sehr stark auf das Dasein und Helfen für andere Menschen ausgerichtet. Sie suchen darüber Anerkennung und wollen Ablehnungen vermeiden. „Ich habe etwas Gutes getan. Ich kümmere mich gern um Dich/Euch." Sie sind stolz darauf, sich für andere einsetzen zu können und ihre Fürsorge und Hilfsbereitschaft zeigen zu können. Darüber identifizieren sie sich auch. Sie nehmen selbst wenig Hilfe an („Ich brauche niemanden."). Wie soll das auch gehen, anderen helfen wollen und sich selbst nicht helfen können?

Die 12 Apostel eines Helfers

Identität

„Ich bin liebevoll, selbstlos, herzlich, opfer- und hilfsbereit". Liebesorientiert. Ich werde gebraucht und gebe.

Innerer Konflikt (Kernproblematik)
Stolz!

Helfer sind stolz darauf, anderen Menschen zu helfen und ihre eigenen Bedürfnisse zurückzustellen. Ihr Stolz wird verletzt, wenn ihre Hilfe abgelehnt wird. Sie registrieren sehr genau, wer ihnen Anerkennung und Dankbarkeit entgegenbringt. Sie erwarten Dankbarkeit, gelobt zu werden, hofiert zu werden. Auch wenn es heißt: „Dafür nicht!"

Helfer geben, um Nähe/Anerkennung (in der Familie bleiben) zu bekommen. Bekommen sie es nicht, werden sie eifersüchtig und besitzergreifend, schaffen Abhängigkeiten. „Ohne mich kannst Du gar nicht(s)."

Stabile und innige Freundschaften (selbstlose Liebe) sind die wichtigsten Werte. Sie können sich gut auf andere einstellen (Empathie) und geben ihnen, was sie brauchen. Sie werden so zum unverzichtbaren Verbündeten, sichern sich so ihren Platz in der Beziehung, in der Gruppe. Dafür setzen sie auch manipulierende und kontrollierende Methoden ein.

In diesem Sinne, ist Stolz „der Ausdruck des Unwillens, das eigene Leid zu erkennen und um Hilfe zu bitten…Stolz ist eine Strategie des Egos, sich dieser schmerzlichen Gefühle zu entledigen."[6]

Die Hauptemotionen im Konflikt: Trauer und Enttäuschung, die u.U. mit Wut kombiniert wird

Von der Gruppe/Familie ausgeschlossen zu sein, nicht geliebt zu werden, nicht beachtet zu werden, zu wenig Anerkennung zu bekommen. Das ist der innere Motor für ihre Hilfsbereitschaft. Wenn wir alle gut zueinander sind, dann geben wir uns Liebe und Anerkennung. Niemand braucht um Respektlosigkeiten und um das Alleinsein fürchten. Aggression in Form von Beharrlichkeit oder Härte ist ein Thema.

---

[6] Zitat: Riso/Hudson, Die Weisheit des Enneagramms", S. 183, Goldmann-Verlag

Sie haben eine Grundangst, dass geliebte Personen sie verlassen und sich von ihnen lösen. Daher schaffen sie Abhängigkeiten, unterdrücken Talente des anderen, damit es ohne sie nicht geht.

Aufmerksamkeit

Wo kann ich helfen? Wer braucht mich? „Ich weiß, was für dich gut ist." Eine permanente Neigung, in das Leben anderer aktiv einzugreifen und zu agieren. Sie geben Hilfe und erhoffen sich dafür Anerkennung. Sie neigen dazu, sich unentbehrlich zu machen. Manchmal sehen Helfer Probleme, wo keine sind. Oder Helfer erfinden welche.

Vermeidungsverhalten

Sie vermeiden ihre eigene Hilflosigkeit. Das würde auch ihrer Identität als Helfer widersprechen. Einen hilflosen Helfer kann es nicht geben. „Daher schaffe ich es allein. Du brauchst mir nicht helfen."

Abwehrstrategie

Sie sind ein Meister in der Verdrängung. Sie verdrängen eigene Schmerzen und Probleme. Helfer wehren sich durch Manipulation, Unterdrückung und im Schmieden von Rachegedanken.

Bedürfnisse

Nach Dankbarkeit, nach Gruppen (Vereine), Nähe und geliebt zu werden. Der Retter zu sein. Die Nähe zu anderen Menschen und Gemeinschaften inklusive Wertschätzung und Anerkennung ist Helfern sehr, sehr wichtig. Sie mögen es in der Regel nicht, allein zu sein. Selbst wenn sie beim gelobt werden oder beim Dankerhalt sagen: „Dafür nicht."

Angriffsstrategie (Anspruch/Erwartungen)

Hauptangriffswaffe: Nähe und Abhängigkeiten, sonst hagelt es Vorwürfe und manipulierende Aktionen. Daher wissen sie viel über andere Menschen: ihre Geburtstage, ihre Vorlieben, ihre aktuelle Situation.

Blindheit:

Helfer sind oft blind für die Würde und Selbsthilferessourcen anderer Menschen. Mit einer zu starken Hilfe nehmen sie anderen den Raum, sich selbst zu helfen und hierfür Wege und Möglichkeiten zu finden und auszuprobieren.

Falle

Helfer können sich selbst schlecht loben und ihre eigenen Bedürfnisse leben. Das haben sie nie gelernt. Grund: „Das gehört sich nicht." Helfer tun alles in und mit einer guten

Absicht. „Ich habe es ja nur gut gemeint. Ich bin Dein guter Berater und Deine graue Eminenz. Dabei bin ich dir gefällig." Denn hinter jedem erfolgreichen Menschen steht jemand, der ihn unterstützt. Sie Nutzen die Methoden der Manipulation und des Einschmeichelns, um sich als Helfer und damit liebevolles Mitglied anzubieten. Unbewusst wollen Helfer sich durch das Helfen unentbehrlich machen und im Mittelpunkt der Familie stehen. Man kann auf Helfer nicht verzichten. Sie nutzen Nettigkeiten und Dankbarkeiten, um in der Gruppe zu bleiben (Ihre Überlebensstrategie).

Streitressourcen

Helfer bewahren ihr Einfühlungsvermögen, auch wenn sie auf dem falschen Weg sind. Sie können sehr gut zuhören, den wunden Punkt erfragen und Probleme ansprechen. Sie laufen im Streit nicht gleich davon und sind auch in Konflikten ein wichtiger Stützpfeiler. Sie sehen, wenn es einem nicht gut geht.

Entwicklung

Mehr Demut, sich nicht für unersetzlich halten und erkennen, wie viel man anderen wirklich wert ist (Laufen Sie nicht nur fremder Anerkennung hinterher). Helfer sollten ihren Stolz auf ihre eigene Bedürfnislosigkeit aufgeben und mehr Aufmerksamkeit auf die eigenen Bedürfnisse richten und sich ggfs. dabei helfen/unterstützen lassen.

Helfer sollten mit dem Motto: „Hilfe zur Selbsthilfe" agieren. So schaffen sie keine Abhängigkeiten und Hilflosigkeiten.

Sie sollten unterscheiden zwischen wahrer Hilfe, Selbstlosigkeit und zielgerichtetem Geben, um etwas zu erreichen oder zu bekommen. Wenn sie ihre Erkenntnismotivation einsetzen, erkennen sie wie sie sich unabhängiger von Ihren Gefühlen machen können. Dann erkennen sie, wann Hilfe wirklich nötig ist und die Hilfe nicht nur dazu dient, sich selbst besser zu fühlen.

Helfen müssen lernen, Lob anzunehmen. Mit einem Lächeln „Danke schön" zu sagen statt „Dafür nicht", wenn sich jemand bedankt. Damit entgegnen Helfer ihrer unbewussten Angst, nur für die Hilfe und Hilfsbereitschaft geliebt und akzeptiert zu werden.

Der Helfer ist positiv von Folgendem überzeugt:

- für Freunde und Familie da zu sein, sich zu helfen und zu unterstützen. Dabei sich im Klaren zu sein, helfen ist keine Normalsituation, sondern eine Sondersituation,
- über Gefühle reden zu können,
- aktiv zuhören zu können,

- sich Geborgenheit zu geben,
- den Weg zu wirklicher Humanität zu öffnen,
- in bestimmten Situationen eigene Bedürfnisse zurückschrauben zu können, aber auch seine Bedürfnisse zu kennen und grundsätzlich zu leben.

M3 – Führungsstil

Führungspersonen mit einem Helfer-Charakter sind sehr sensibel. Ihr Stil basiert auf einer guten Beziehung zu Ihren Mitarbeitern und auf Effizienz. Sie wollen alles gut machen. Sie fühlen sich in ihrer Führungsposition *nicht* immer wohl, da Sie ungern Ziele vorgeben. Sie sind dann zu nachgiebig und erziehen nachgeordnet, wirken im Hintergrund stehend und geben dem Kind zu viel Entscheidungsspielraum, setzen zu wenig Grenzen. Sie sind am Erkennen und Befriedigen von Kundenwünschen und deren Erwartungen interessiert. Diese zu erfüllen, darauf setzen Sie.

Sie nehmen jede Missbilligung oder Kritik sofort wahr. Sie wollen alle zufrieden stellen und geben sich hierfür sehr viel Mühe. Mit Menschen kommen sie sehr gut aus. Sie kommunizieren und interagieren viel mit ihren Mitarbeitern. Sie setzen sich stark für das Wohl (Bedürfnisse) des Teams/Familie ein. Ihre Vision ist eine verschworene Teamgemeinschaft („Wir, die ….."). Hierin spielt auch ihre Intuition für die Bedürfnisse anderer und die Imagefrage eine wichtige Rolle. Ihr Image ist ihnen sehr wichtig, denn Helfer brauchen es, anerkannt, gebraucht und gesehen zu werden. Das motiviert sie weiter für andere da zu sein und zu helfen.

Zu beachten ist, dass Helfer als Leader es mögen, wenn andere gefügig und gehorsam sind. („Nimm brav Deine Medizin. Ich bin Dein Berater und meine es nur gut mit Dir.")

Sie lieben es, gute Mitarbeiter für Schlüsselpositionen aufzubauen oder in diese Positionen zu hieven, statt an Strukturen zu arbeiten. Menschen sind für Sie ausschlaggebend für den Erfolg, nicht Strukturen. Sie erkennen das Potenzial, was in anderen steckt und wollen es fördern.

Ihr Stil ist sehr herzlich und integrierend. Sie geben ihren Mitarbeitern gern das Gefühl eine Familie zu sein. Daher ist ihnen das Klima in der Familie / im Team enorm wichtig. Sie wissen, unter welchen Bedingungen alle zusammenhalten und miteinander agieren. Sie setzen sich sehr für ihre Mitarbeiter ein. Sie nehmen sich Zeit für jeden, hören ihnen zu, nehmen mögliche Beschwerden ernst. Sie kennen die wichtigsten Ereignisse und Gedanken ihrer Mitarbeiter und sprechen sie darauf an, fragen nach. Sie haben einen Sinn für die Bedürfnisse und sind daher begabt für die Koordination von diversen „Projekten".

Sie sind ein guter Manager und Organisator. Ihre praktische Art kommt Ihnen zu Gute. Sie versuchen, Verwaltungsaufgaben zu minimieren oder zu delegieren.

Sie lassen Entscheidungen gern in einem Teamrat beraten und treffen. Sie entscheiden stark danach, was andere wollen und brauchen. Sie mögen vertrauensvolle Gespräche und sprechen gern mit Vertrauensperson. Das ist auch die logische Folge, weil sie auch gern mal Entscheidungen aufschieben. Besonders in Situationen, wo sie sich gezwungen fühlen, auf die Bedürfnisse anderer mehr einzugehen als sie es eigentlich wollen. Dabei wägen Helfer mögliche Konsequenzen für sich nicht ab. Daraus entstehen Entscheidungs- und Gewissensprobleme (Loyalität).

In Führungsverantwortung stehen sie loyal zu gefundenen Entscheidungen und können ihre Mitarbeiter gut von der Richtigkeit getroffener Entscheidungen überzeugen. Sie sind in den Erklärungen ihrer Entscheidungen diplomatisch.

Es passiert häufig, dass sie sich zu sehr in Dinge anderer (ihrer Teammitglieder) einmischen. Sie wollen gern an vielen Dingen beteiligt sein. Da passiert es Ihnen häufig, dass sie zu oft „Ja" sagen statt „Nein".

Sie geben sehr viel für ihre Familie und fühlen sich unwohl, wenn Dankbarkeit ausbleibt, sie überlastet sind und/oder ausgenutzt werden. Im beruflichen Kontext können sie Mitarbeiter schnell fallen lassen, wenn Helfer von ihnen enttäuscht sind. Das wirkt überraschend, da sie sich sonst sehr fürsorglich geben.

Sie müssen lernen, mit anderen zu leben anstatt für andere. Sie sollten Menschen mit Hilfe zur Selbsthilfe und Fortbildungen fördern, statt sie in Abhängigkeiten zu bringen.

Sie nehmen oft eine vermittelnde Rolle ein. Sie unterliegen manchmal der irrigen Annahme, ohne sie könnte die Organisation nicht so viel bewegen.

M3 - Konfliktverhalten

Helfer haben Angst vor Zurückweisungen. Sie mögen daher keine Konflikte. Das erhöht die Gefahr der Zurückweisung enorm. Helfer wollen die „schlechte Stimmung" schnell ausgleichen oder am besten gar nicht ansprechen. Sie lieben Win-Win-Situationen und hoffen, dass die Gespräche glatt und ohne Streit über die Bühne gehen. Generell gehen sie Konflikten aus dem Weg. Gelingt dies nicht, reagieren sie durchaus launenhaft, gereizt, ablehnend, intrigierend und schnell wütend, aggressiv. Ihre generelle großzügige und optimistische Haltung kann dann in einen Wutausbruch kippen.

Sie sind ausgesprochene Gefühlstypen, was auch das analytische Denken erschwert. Menschen mit einem Helfercharakter sind emotional von Freude und Trauer getragen. Wenn es ihnen nicht gut geht, können sie sehr wütend werden.

Auf die leiseste Missbilligung oder Kritik reagieren sie sehr sensibel und nehmen es schnell persönlich. „Jetzt mache ich schon so viel für die Familie, dann wird man auch nur (!) kritisiert." Sie reagieren empfindsam auf Kritik und nehmen es schnell persönlich, z.B. mit „Ich habe es doch nur gut gemeint." Sie grollen, wenn sie nicht bekommen, was sie wollen. Der Stolz verhindert aber auch, andere zur Rede stellen zu können.

Keine Dankbarkeit zu bekommen und zu spüren oder übersehen zu werden, löst konfliktträchtige Gedanken aus. Sie fühlen sich von ihrem Gegenüber oder von den Ergebnissen enttäuscht, dann werden sie zum verwundeten Tiger und kennen keine Kompromisse mehr. Sie vollziehen eine absolute Kehrtwendung. Helfer greifen dann mit VORWÜRFEN und stärkeren Abhängigkeiten an. „In Wahrheit kannst Du niemals wieder gutmachen, was ich als Helfender für Dich getan habe." Unter dem Mantel des Nett-Seins verbirgt sich ein harter Kern. Helfer lieben es, anderen Vorwürfe zu machen. Das tut ihnen gut und zeigt dem Anderen, das trotz aller Freundlichkeit mit ihnen nicht zu spaßen ist.

Stabile und innige Freundschaften (selbstlose Liebe) sind die wichtigsten Werte. Sie können sich gut auf andere einstellen (Empathie) und geben ihnen, was sie brauchen. Sie werden so zum unverzichtbaren Verbündeten, sichern sich so ihren Platz in der Beziehung, in der Gruppe. Dafür setzen sie auch manipulierende und kontrollierende Methoden ein.

Helfer neigen zu psychosomatischen Krankheiten bzw. Leidensäußerungen, wenn es ihnen emotional nicht gut geht, z.B. weil sie kritisiert wurden. Daher melden sich „weniger gefestigte Helfer" schnell krank, wenn sie für ihre Arbeit oder für ihr agieren im Team kritisiert werden.

Sie unterbreiten meistens sehr gute Vorschläge zur Konfliktlösung.

M3 - Stress-, Druckverhalten

Helfer geraten unter Stress/Druck, wenn man sie ins Abseits stellt und man sich als undankbar erweist. Man hat sich voll eingesetzt und es wird einem trotzdem nicht gedankt.

Man nimmt es nicht einmal wahr. Dann stehen alle Alarmsignale auf rot. Weil Helfer Bitten oft nicht abschlagen können, geraten sie in einem inneren Konflikt mit ihren eigenen Bedürfnissen.

Sie versuchen zunächst, zu allen besonders nett zu sein. Sollte diese Strategie nicht funktionieren, dann fällt ihr Stolz zusammen, die Luft ist raus („Ich Armer!"). Helfer fangen dann an zu manipulieren. Sie weisen darauf hin, was ihnen andere zu verdanken haben. Sie treten unter Umständen in Streik. Sie sind dann zornig, außerordentlich unkooperativ, hängen an dem, was sie eigentlich verdient haben. Sie neigen zum Somatisieren, d.h. sie reagieren mit körperlichen Beschwerden, Krankheiten, die als Folge entstehen, wenn sie ihre Bedürfnisse und Wünsche verdrängen.

Werden sie nicht genügend gewürdigt, reagieren sie mit Rückzug und Liebesentzug. Ausgeschlossen zu werden, erleben sie als traumatisch. Sie können nicht Alleinsein und sind mit ihren Gedanken auch immer bei anderen.

Fühlen Helfer sich ausgenutzt, neigen sie zu aggressiven Äußerungen und Verhalten. Sie tendieren dazu anzugreifen, besonders wenn sie vom anderen enttäuscht sind und alle anderen Strategien nicht gefruchtet haben.

Sie fühlen sich manchmal unzulänglich und haben kein Vertrauen in eigene Fähigkeiten.

In **Notsituationen** neigen sie dazu, herrschsüchtig zu sein, indirekt (über Dritte) zu kommunizieren, manipulierend, sich wie ein Opferlamm erlebend, besitzergreifend („Ich sorge für Dich"), hysterisch, übermäßig zuvorkommend, distanzlos, vereinnahmend, zu aufopferungsvoll, zu mütterlich, bewundert, beachtet, gemocht zu werden, gefallen zu wollen, Ablehnung zu sich für unentbehrlich zu halten, zu stolz, eigene Grenzen nicht zu kennen, zu herrisch und überschwänglich (bei extrovertierter Art) zu sein.

Aber auch: sich selbst etwas vorzumachen, unterdrückte Aggressionen heftig auszuleben/Zwänge herzustellen und auszuüben, ichbezogen zu sein, Schuldgefühle hervorzurufen, ohne Selbstwertgefühl, andere von sich abhängig machend, zu dominieren, sich missbraucht zu fühlen, hasserfüllt zu sein.

Wenn es schlimm wird, dann fühlen sie sich ungerecht behandelt, reagieren verdeckt aggressiv und gereizt, insbesondere den Menschen gegenüber, die sie zu lieben behaupten. Sie werden härter, unnachgiebiger und in der Folge vereinsamen sie.

Sie werden fordernder und tadeln mehr.

Unter Umständen werden sie herrschsüchtiger, kontrollierender und versuchen, sich um alles zu kümmern.

M3 - Helfer in Friedenszeiten / Mentale Stärken

An guten Tagen sind sie liebevoll, fürsorglich, lachen viel und herzhaft, freundlich, anpassungsfähig, einsichtig, großzügig, begeisterungsfähig, überschwänglich jedem gegenüber, offen, gebend, setzen sich aktiv ein, für jeden das Beste wollend, schmeichelnd, den Körperkontakt suchend, verführend, kokettierend, um selbst zu bekommen, viel gebend und einfühlsam, haben ein Gespür für Talente und fördern diese.

Sie erkennen, Liebe lässt sich nicht erzwingen, auch nicht durch viele gute Taten. Echte Liebe lässt sich nicht berechnen und kalkulieren. Wir können sie nur wahrnehmen, wenn sie wirklich präsent ist, da ist.

An besonders guten Tagen zeigen Helfer-Kinder auch diese Eigenschaften: demütig, großmütig, originell, bedingungslos liebend, einfühlsam, warmherzig, ermutigend, verständnisvoll, taktvoll, kooperativ, offen kommunizierend, schlichtend, vermittelnd, beratend, loyal, sanftmütig, achtungsvoll.

Mentalität und Konfliktverhalten

der

3 Dominanzmotivatoren

4   5   6

Perfektionist   Friedliebende   Kämpfer

Mentalität 4: Der Perfektionist
(der Zornige, der Reformsuchende)

Motivbasis

Perfektionisten sind **dominanzorientiert** und wurden mit Einsatz der Erkenntnismotivation *reformiert/umfunktioniert.*

„Setze deinen Verstand ein (Erkenntnis), um keine Fehler bzw. alles perfekt zu machen (Dominanz)." „Achte darauf, dass die Nachbarn nichts Negatives über uns sagen können." (Angst, Vorbild sein).

Die ersten Lebensjahre

In den beginnenden Jahren der Kindheit haben Perfektionisten eine ständige Regulierung zwischen der eigenen Selbstständigkeit und elterlicher Disziplinierung erlebt. Sie haben sich stets bemüht, den Erwartungen ihrer Eltern (und Lehrer) gerecht zu werden oder zu müssen, da ihre Eltern (oder das dominierende Elternteil) stets verantwortungsbewusst waren und moralische Werte im Vordergrund standen (gesellschaftliche Anpassung, faires und gerechtes Handeln).

Themen waren u.a. Kontrolle, gerechte Belohnung und Bestrafung (strenge Disziplin). Brav sein, damit es keine Probleme gibt. Sie hatten strenge Eltern, die Wert auf Pflichterfüllung, Fehlervermeidung und Konformität gelegt haben. In diesem Kontext versuchten sie immer ein „gutes" Kind zu sein.

Manches Mal hatten sie den Eindruck, ihre Existenz rechtfertigen zu müssen. Hierbei haben sie eine Strategie „des kleinen Erwachsenen" gewählt. So zeigten sie ihren Eltern: „Schaut, ich versuche alles, um euren (hohen) Erwartungen gerecht zu werden." Das „Emotionsspiel" bleibt ein Lebensthema für sie.

Sie haben sich oft nicht getraut etwas auszuprobieren, weil sie Angst hatten es nicht perfekt umsetzen zu können. Sie wurden unter Umständen viel kritisiert.

Ihre Eltern gingen oft distanziert mit sich um. An der Tagesordnung waren unterschwelliger Ärger und Verstimmungen. Mancher Perfektionist berichtet von einem distanzierten

Verhältnis zu seinem Vater. Anstatt sich am Vater anlehnen und mit ihm Eins fühlen zu können, und sich so von der Obhut der Mutter lösen zu können, fühlte sich das Kind eher isoliert. Das kann dazu führen, dass Kinder zu früh zu große Verpflichtungen übernehmen, denen sie noch nicht gerecht werden können. Hieraus entstehen ein Muster und eine Identität, sich überlegen zu fühlen.

Oder sie berichten von einer kränkelnden Mutter und das Schonung bzw. Rücksichtnahme eine Rolle spielte.

Aus all dem haben Perfektionisten gelernt, ihre emotionalen Impulse zu steuern und zu kontrollieren. Laxes Verhalten und Denkweisen sowie Spontanität waren in ihrem Elternhaus nicht gern gesehen.

Sie mussten oft negative Gefühle unterdrücken (z.B. „ein artiges Kind ist nicht wütend").

Perfektionisten sind in der Regel ausgezeichnete Schüler.

Die 12 Apostel eines Perfektionisten

Identität
„Ich bin vernünftig und habe recht." Ich bin perfektionsorientiert. Ich sehe sehr schnell, wo Fehler sind und wo es Reformbedarf gibt. Ich packe an, was ich mir vorgenommen habe und gehe mit gutem Beispiel voran (hohes Verantwortungsgefühl und Gewissenhaftigkeit).

Innerer Konflikt (Kernproblematik)
Zorn
Perfektionisten sind fokussiert, empfindsam und sensibel, besonders für Fehler und für Optimierungen. Das Unvollkommene macht sie zornig und schamvoll. Sie sind dann peinlich berührt und werden u.U. dogmatisch (fundamentalistisch), damit keine Fehler mehr vorkommen. Wenn ICH immer ordentlich und sauber sein musste, dann DU auch. Wie es mir geschah, so wird es auch dir geschehen. Sie versuchen zu stark ihre Triebe mit (zwanghafter) Selbstdisziplin zu steuern. Zudem reagieren sie übersensibel auf Kritik.

Die Hauptemotionen im Konflikt: Wut/Scham
Von ihren Mitmenschen verurteilt oder ertappt zu werden, dass sie Unrecht haben bzw. etwas fehlerhaft bearbeitet haben, erfüllt Perfektionisten mit Angst und Scham. Das ist

ihnen immens peinlich. Der geringste Fehler kann sie unter Umständen stundenlang - wenn nicht tagelang - beschäftigen.

Aufmerksamkeit

Ihr Denkstil geht in Richtung beurteilender Verstand: z.B. „richtig/falsch" oder „gut/schlecht". „Wer bewertet, fühlt sich überlegen."[7] Entsprechend ist die Aufmerksamkeit auf Fehlerhaftes orientiert.

Perfektionisten entwickeln schnell übergeordnete, fundamentalistische Glaubenssätze bzw. ganze Glaubenssysteme (Ideologie, Religionen) und versuchen in der Wirklichkeit Belege dafür zu finden oder die Wirklichkeit daran anzupassen. Sie pflegen ein deduktives Denken (vom Allgemeinen zum Detail). Der Beobachter (Typ 9) denkt dagegen induktiv.

Vermeidungsverhalten

Perfektionisten vermeiden unklare Situationen und Anforderungen. Sie meiden Chaos und Unordnungen. Das Vermeiden zeigt sich auch in klaren, spezifischen Geboten und Verboten. Sie vermeiden es, persönliche Prinzipien zu relativieren und Kritik zuzulassen. Sie halten sich schließlich an Normen und Regeln.

Abwehrstrategie

Um dieser Grundangst zu begegnen und diese zu kontrollieren, üben sie daher eine rigide Selbstkontrolle (und über andere) aus und sehen dabei mimisch sehr ernst aus. Dabei verändern Perfektionisten bewusst ihre (intuitiven) Impulse. Sie neigen besonders in schwierigen Situationen, in denen nicht immer alles perfekt läuft, zu schnellen, eruptionsartigen Ärger- und Zornesreaktionen, um eine innere Verkrampfung („Oh, mir ist ein Fehler passiert") zu lösen. Sie versuchen die aufsteigende Aggressivität hinter Sachlichkeit zu verstecken, was aber nicht gelingt.

Bedürfnisse

Sie haben gern recht und möchten, dass alles perfekt ist. Disziplin und Vollkommenheit sind ihnen sehr wichtig. Sie sehen bereits kleinste Fehler, die anderen nicht auffallen. Das ständige kontrollieren ist anstrengend, daher sehnen sie sich nach Ruhe und Entspannung, nach loslassen und heiterer Gelassenheit.

Angriffsstrategie (Anspruch/Erwartungen)

Sie greifen mit ihren Erwartungen von Vollkommenheit und Perfektionismus frontal an. Sie haben jeden Fehler, jede Unachtsamkeit notiert. Ihr „Notizblock" ist ihr Streitfeld. Sie wirken

---

[7] Zitat aus Riso/Hudson, Die Weisheit des Enneagramms, S.161, Goldmann-Verlag

dabei „verkopft" und sind überzeugt: „Ich tue das Richtige." Klare Wertvorstellungen und kompromisslose Prinzipien sind zentrale Strategien.

Blindheit

Sie sind in Beziehungen und Gesprächen oft blind für „emotionale Zwischentöne", da Perfektionisten sich sehr auf die Fakten und die Vermeidung von eigenen Fehlern konzentrieren.

Falle

Pflichterfüllung, Disziplin (Sicherheit) und zwanghafte Selbstkontrolle von sich und anderen, das ständige Recht haben. Das engt ihre Aufmerksamkeit, Gelassenheit und Neugierde ein. Sie neigen zu übermäßiger Kritik mit sich selbst und anderen.

Streitressourcen

Perfektionisten können sich selbst aus dem Sumpf herausziehen (sich selbst autodidaktisch reformieren). Hierbei hilft ihnen das rationale Denken, ihr erworbenes Wissen, ihr Fleiß und ihre Selbstdisziplin. Zudem können sie sehr gut Reformen einleiten, strukturieren und umsetzen. Sie können sich sehr gut auf eine Sache konzentrieren und auch motivierend dafür werben. Ihre Leistungsmotivation ist sehr hoch.

Entwicklung

Um ihren Charakter weiterzuentwickeln, sollten Perfektionisten sich in „heiterer Gelassenheit" und „Loslassen vom Perfektionismus-Anspruch" üben und dies trainieren. Öffnen Perfektionisten sich für Alternativen, sehen sie das Gute in den anderen Vorstellungen, im Loslassen von rigiden, einschränkenden Gedanken. Dann können sie auch mal „fünf gerade sein lassen".

Akzeptieren sie das Unvollkommene und ihre innere Kritikerinstanz wird entspannter und ruhiger. Sie sind dann toleranter. Sie werden mit mehr Gelassenheit mutiger für Visionen und nachsichtiger. Relativieren sie ihre Ansprüche. Entspannung und Heiterkeit bringt sie in eine Balance des Zulassens. Sie werden versöhnlicher mit sich und anderen und fühlen sich integriert.

Der Perfektionist ist positiv von Folgendem überzeugt:
- die Dinge zielbewusst zu Ende zu bringen,
- sich zu entscheiden, zwischen richtig und falsch,
- notwendige Reformen zur Verbesserungen anzugehen,
- Prinzipien und Werte zu pflegen, z.B. Fairness, zu seinem Wort stehen.

M4 – Führungsstil

Ihr Leitgedanke ist, ein qualitativ hochwertiges Team zu führen, inklusive Kontrolle. Moralische Integrität stellt einen sehr hohen Wert in ihrer Führungsphilosophie dar. Hieraus entwickeln sie ihre Glaubenssätze, Normen und Regeln. Sie bringen ihren Mitarbeitern strenge moralische Werte und Verantwortungsbewusstsein bei.

Sie sind gerecht, beständig und üben eine strenge Disziplin aus. Mitarbeiter haben den Anweisungen und Wertevorstellungen nachzukommen. Ehrlichkeit, Integrität, Pünktlichkeit und Fairness schätzen sie außerordentlich. Das gilt natürlich auch im Umgang mit ihnen.

Sie können als Führung nicht verstehen, warum ihr Mitarbeiter einen Rat nicht annimmt oder anders agieren will als sie es für richtig halten. Sie sind der Überzeugung, wenn etwas für mich richtig und erfolgreich ist, gilt die Methode/Struktur auch für andere. Sie übersehen dabei, dass andere Menschen andere Prioritäten setzen oder ihr Kind/Mitarbeiter ein anderer Charakter ist und deswegen andere Strategien verfolgt bzw. Überzeugungen hat.

Sie treten selbstbewusst und humorvoll (Sprachwitz) auf. Albernheiten machen wenig Sinn und lassen sie wenig zu. Sie erwarten, dass sich ihre Mitarbeiter einwandfrei verhalten und immer ihr Bestes geben. Unkorrektes, aufmüpfiges und eigensinniges Verhalten macht sie zornig, aufbrausend und ungehalten.

Sie sind im günstigsten Fall einfallsreich, originell und schöpferisch. Im ungünstigen Fall diktatorisch, stur, autoritär, bestimmend und perfektionistisch, es besteht dann wenig Raum für Kreativität und Selbstentfaltung. Sie betrachten es als ein Quell der Freude, wenn Aufgaben gut erledigt und umgesetzt werden. Sie erwarten in jedem Fall Pünktlichkeit und ordentliche Aufgabenerledigung. Sie schätzen ehrliches Bemühen. Sie haben alles genau im Blick. Sie suchen die tadellose Handlung, verlassen sich sehr gern auf Menschen, denen Sie vertrauen können. Sie umgeben sich mit Menschen, die wollen, auf die Perfektionisten zählen können. Dabei muss die Stimmung nicht immer gut sein. Entscheidungen werden nach ihren inneren, moralischen Wertmaßstäben getroffen. Andererseits urteilen sie schnell über andere bzw. Situationen. Deswegen haben sie manchmal hinterher Schuldgefühle. Sie schieben Entscheidungen gern auf bzw. wird es langwierig, kontrollieren Sie immer wieder, ob sie auch wirklich die richtige Entscheidung treffen.

Sie möchten, dass alle immer ihr Bestes geben. Sie mögen es nicht, wenn Mitarbeiter sich Vorteile verschaffen oder pflichtvergessen agieren. Sie intervenieren dann energisch. Sie führen effektiv, mit Planung und Struktur. Sie schaffen klare Autoritätsstrukturen mit klaren

Richtlinien, Verantwortungen und Aufgaben. Sie belehren gern bis zur Bevormundung. Denn Perfektionisten suchen stets nach guten Methoden und qualitativen Informationen zur Lösung von Problemen.

In Führungsfragen haben sie die Tendenz diese thematisch auszudehnen (durch ihre systemische Betrachtungsweise und Neugierde, den Dingen auf den Grund zu gehen), denn sie mögen persönliche Weiterentwicklungen. Sie respektieren es, wenn sich jemand ernsthaft bemüht zu lernen. Sie geben in diesem Sinn Ihren Mitarbeitern einen gewissen Lernfreiraum für eigene Gestaltungen und Entscheidungen.

Sie wollen ständig das Team perfektionieren. „Was können wir lernen?", „Was haben wir für Verpflichtungen?" Sie mögen Organisationen, bei denen die Mitarbeiter gut ausgebildet und intrinsisch (eigenmotiviert) motiviert sind. Sie mögen es nicht, andere für ihre Aufgabe motivieren zu müssen. Sie wollen Dinge, mit denen sie unzufrieden sind, schnell lösen. Sie mögen es, wenn andere ihre Meinungen mit der nötigen Autorität vortragen und Mitarbeiter zu ihren Fehlern stehen und gleichzeitig ihr Selbstvertrauen und ihre Motivation behalten. Kritik bedarf einer sachlichen Richtigkeit. Fakten! Sie nehmen daher Ihr Team in Schutz, wenn diese im Recht sind.

Seit ihrer Kindheit heißt es, sich zu kontrollieren. Das führt dazu, dass man den Eindruck hat, Sie würden sich gegen Ihre Gefühle und wahren Bedürfnisse sperren. Die Folge: Neigung zu zwanghaftem Verhalten, alles richtig machen zu wollen.

Sie erzählen selten von persönlichen Gefühlen. Sie halten Ihre Reaktionen straff im Zaum, aus Angst vor irrationalen Gefühlen. Sie sind dann sehr selbstkontrolliert und halten ihre Wut zurück bis es nicht mehr geht. Das hat zur Folge, dass ihre Menschenkenntnis etwas beeinträchtigt ist und zu Führungsproblemen führt.

Im Sozialverhalten erfüllen sie meist ihre Rolle mit Ausstrahlung. Sie legen Wert auf einen guten Ruf wegen ihrer guten Eigenschaften. Sie sind aber auch andererseits für ihre kompromisslosen Meinungsäußerungen bekannt.
Deins ist deins, meins ist meins. Ein „Entweder-Oder-Denken". Perfektionisten glauben, die anderen wollen nicht teilen. Daher können sie mit dem, was sie haben, knauserig sein und geben auch nicht ab. Jeder geht für sich durchs Leben.

Sie mögen eine respektvolle Ansprache und Erlaubnisfragen. Bitten andere aber nicht gern um etwas. Sie mögen Komplimente, ohne gleich welche zu geben. Daher loben Sie in der Regel wenig.

M4 - Konfliktverhalten

Perfektionisten sind motiviert, den eigenen Weg zu suchen, immer alles richtig zu machen, selbstverantwortlich zu sein. Sie bleiben dabei immer selbstkritisch und legen hohe Maßstäbe bei sich und anderen Menschen an, was das Gefühl perfekt sein zu wollen, intensiviert. Sie korrigieren sehr gerne andere Menschen. Sie nörgeln (permanent) damit andere es richtig machen. Das schafft oft Unfrieden, weil man den Eindruck gewinnt, man kann es Perfektionisten nie recht machen. Und es schafft Unfrieden, weil Perfektionisten zielsicher und garantiert „das Haar in der Suppe" finden UND es auch sofort anmerken. Sie haben halt gern recht. Das sorgt immer für Konfliktstoff. Wenn sie sehr angespannt sind und innerlich zu kochen beginnen, dann entsteht eine unterschwellige Spannung, die auch andere nervös macht und beeinflusst. Die Situation kann mit gebührendem Humor leicht entspannt werden.

In Konflikten reagieren Perfektionisten zornig und fragen nach Verantwortungen. „Das war nicht meine Schuld." Oder: „Wer war das?" Sie kritisieren gern andere, sagen dabei gerne, man soll die Anmerkung nicht persönlich nehmen, sie diene nur zur (fehlerfreien) Verbesserung. Sie selbst nehmen jegliche Kritik persönlich.

Perfektionisten sind emotional Wut/Mut und Freude getragen, wenn es ihnen nicht gut geht, z.B. etwas nicht funktioniert oder Fehler gemacht wurden. Zorn heißt übersetzt: „Ich habe meine Maßstäbe nicht erreicht. Ich habe versagt, weil es nicht fehlerfrei ist. Es ist unvollkommen geblieben. Ich habe ein schlechtes Gewissen. Ich habe es gewusst, so wird das nichts."

Der Zorn ist von einem Schamgefühl begleitet und kaschiert ein Unsicherheitsgefühl. Es ist peinlich, Fehler zu machen oder nicht recht zu haben. Perfektionisten haben eine hohe Konzentration *keine* Fehler zu machen. Daher schauen sie meist etwas „verkniffen", „böse" und sind „latent gereizt". Daher sieht man bei Perfektionisten häufig eine gerunzelte Stirn mit einem zusammengepressten zornigen Mund.

Negative Gefühle neigen Perfektionisten zu unterdrücken. Das unterstreicht die ernste Mimik und das Festhalten an Prinzipien. Sie haben oft keinen großen Zugang zu ihren Gefühlen, einschließlich ihrer Wut, die dann in Form von Gereiztheit, Ressentiments, Entrüstung und Schuldgefühlen ausgedrückt wird. Dies ist für ihre Mitmenschen oft nicht zu verstehen bzw. sie tun sich schwer, damit umzugehen.

Ihr Selbstwertgefühl ist sehr stark auf das Gelingen fixiert. Es möglichst perfekt können. Hohe Maßstäbe und idealistisches Denken begleiten dieses Streben nach Perfektion. Daher kritisieren sie schnell und lernen gern autodidaktisch, um sich immer weiter zu verbessern (sich zu reformieren). Über längere Zeit des Misslingens kann es zu depressiven Verstimmungen kommen.

Sie kommentieren (kritisieren) sich sehr häufig bei ihren eigenen Aktionen oder Andere in ihrem Handeln. „Ich würde das ja so machen…" Sie sind „Experten", wissen meist alles besser und setzen Dinge nur um, wenn sie glauben es auch zu können.

Sie verfügen als Folge über einen strengen inneren Kritiker (solltest, müsstest, hättest), weil ihre Eltern sie dazu animieren, nicht gegen Regeln und Konventionen zu verstoßen. Weil sie kritisiert werden und immer „aufpassen" müssen, kritisieren Perfektionisten fast ständig sich und andere. Das ist zugleich der Motor, warum sie auf Fehler ärgerlich reagieren und sehr sensibel wahrnehmen. Es agiert als inneres Überwachungssystem („Das darf man nicht"). Weil sie nur zu gut darum wissen, führt das dazu, dass sie später mit angezogener Handbremse durchs Leben gehen.

Körperliche Grenzen werden von ihnen deutlich gesetzt. „Komm mir nicht ungebeten zu nahe." Obwohl sie anderen wiederum gerne über die Schulter schauen, ob alles richtig gemacht wird oder um etwas autodidaktisch zu lernen.

Sie haben den Eindruck, dass zwei „ICHs" in ihnen leben: Ein kontrollierendes Selbst, das nicht loslassen kann und ein geheimes Selbst, dass gerade das tun will, was sie bei anderen Menschen am meisten verurteilen.

Vorhaben werden von ihnen genau geplant, um möglichst Störungen vorzubeugen. Sie wollen auch genau wissen, was beim Ausflug etc. passiert. Sie lieben feste Absprachen. Das gibt ihnen auch das nötige Vertrauen im Umgang mit ihren Mitmenschen. Schnell wird es problematisch, wenn Absprachen (Richtlinien) nicht eingehalten werden oder Unordnung (Chaos) herrscht. Schließlich bemühen sie sich immer, den Erwartungen gerecht zu werden und agieren sehr verantwortungsbewusst. „Das kann ich von dir auch erwarten." Sie können dann sehr sarkastisch und zynisch reagieren.

Auffällig ist, dass Perfektionisten sich sehr schnell rechtfertigen oder den Fehler nicht sehen/zugeben wollen, aus Angst bestraft zu werden, weil sie nicht perfekt waren und dabei erwischt wurden. Dabei kann es zu ausufernden Diskussionen, wer Recht hat, kommen. Diese Diskussionen verlaufen gern in kleine Machtkämpfe. Sie sortieren sehr schnell nach gut und schlecht. Sie bilden sich schnell ein Urteil über andere oder dies und das. Dabei versuchen sie in aller Regel, objektiv und fair zu bleiben.

Im ersten Kontakt sind sie meist zurückhaltend und korrekt. Sie wirken dadurch unterkühlt, überlegen und etwas zugeknöpft. Das wird ihnen unter Umständen als Arroganz ausgelegt.

Sie machen sich oft viele Sorgen, besonders um die Zukunft. Dadurch und durch ihre innerlich angelegte „konzentrierte Handbremse", wirken sie oft auf andere untergründig zornig (mit entsprechender Mimik und Körpersprache). Dessen sind sich Perfektionisten aber nicht immer bewusst. Sie haben zornige Gedanken, weniger ein zorniges Gefühl im Bauch, weil sie sich Sorgen machen.

Sie haben keine Angst vor Autoritäten, haben aber ausgesprochene Probleme mit unechten Autoritäten.

Sie haben eine ausgesprochene Sehnsucht nach Ruhe und Entspannung, nach Erholung von den Ansprüchen, der Disziplin und Selbstkritik.

Sie stellen gern Vergleiche an. Das beginnt schon sehr früh in den ersten Lebensjahren. In Gedanken vergleichen sie ständig das Leben, wie es ist, und wie es perfekt sein könnte. Oder wer sich richtig verhält und wer falsch. Sie reagieren aber selbst unwirsch/verletzt auf inkonsequentes Verhalten, Zwang, ungebetene Ratgeber und Disziplinierungen durch andere, besonders wenn sie diese als unsinnig betrachten.

Wenn Dinge nicht so laufen, wie sie laufen sollen und das länger anhält, sind sie sehr schnell demotiviert. Sie sind hin und her gerissen: zwischen dem Kreislauf Perfektes zu wollen und sich durch die Niederlage/Fehler ineffizient zu fühlen. Darauf folgt die völlige Erschöpfung. Dann sehnen sie sich nach privater Ruhe und Erholung mit der richtigen Moral.

M4 - Stress-, Druckverhalten

Der Perfektionist ist ein Sorgencharakter und ein Bedenkenträger. Er grübelt sehr viel und denkt gern darüber nach, ob er schon alles getan hat und ob alles perfekt vorbereitet ist. Das führt u.U. zu einem Alles-oder-nichts-Denken. Entweder folgen sie ihren Bedürfnissen oder sie halten sich an ihrer eigenen Zielvorgabe und leben eventuell wie ein Asket.

Für Perfektionisten ist es traumatisch vor anderen kritisiert und mit ihren Fehlern vorgeführt zu werden. Sie rechtfertigen sich sofort. Mit einem Gefühl des Zorns stoßen diese Kinder dann andere vor den Kopf.

Die inneren Konflikte und Sorgengedanken zeigen sich in einer angespannten Körperhaltung. Oft genug ranken? besser: ringen! Perfektionisten mit sich selbst. Die eine Welt (weiß) kämpft mit der anderen Welt (schwarz). Eine andere Anti-Stressstrategie ist es, seine Sorgen auf andere Personen zu übertragen, z.b. der Perfektionist ist unruhig und nervös, schimpft aber auf jemand anderem, der ihn nervös macht oder bei eigenen Geldproblemen, ermahnen sie andere zum Sparen.

Sie wollen unter Druck Verantwortung/Ballast loswerden. Sie träumen dann von einer sorgenfreien Welt. Von einem langen Urlaub.

Durch ihr „Schwarz-Weiß-Bild und -Denken" neigen sie zu rigiden und unflexiblen Handlungen. Sie neigen zur Selbstüberforderung und stehen dadurch oft bzw. leicht „unter Dampf". Machen sich bei Fehlern starke Selbstvorwürfe. Sie versuchen ihren Zorn zu unterdrücken und keine Unbeherrschtheiten zu zeigen, das gelingt seltener, umso höher der innere Druck (Unzufriedenheit) ist.

Sie haben Angst, dass man mit ihrer Leistung nicht zufrieden ist und andere es besser machen. Statt Selbstdisziplin zeigen sie dann Neid, depressiven Stimmungen und neigen zu Ressentiments: „Jeder hat es besser als ich." Wird der Druck noch größer, dann halten sie auch ihre eigenen aufgestellten Regeln nicht mehr ein.

Sie sind selten mit sich zufrieden, erfahren selten unbekümmerte Freude, stehen sich durch zu wenige Wahlmöglichkeiten selbst im Weg. Daher neigen sie zum Aufschieben und scheuen das Risiko, um nicht als Unvollkommen bewertet zu werden.

Bei Stress wird ihre *innere* kritische Stimme sehr laut, und sie nehmen bevorzugt Fehler wahr. Schließlich bricht ihre Verärgerung auf: „Ich halte mich an die Spielregeln. Wieso Du nicht?"

Unter Druck fällt es ihnen sehr schwer auf andere Sichtweisen (z.B. Spielvarianten) einzugehen. Sie sind dann sehr dogmatisch: „Nein, es muss so gespielt werden." Vergleiche setzen Perfektionisten enorm unter Druck. Sie reagieren darauf hoch empfindlich. Gegebenenfalls entsteht Neid, Pessimismus, Depression und Melancholie. „Mein Bemühen hatte keinen Zweck. Ich war fehlerhaft. Ich kann machen was ich will, meine Eltern sind immer unzufrieden mit meinen Leistungen."

Sie werden zu einem notorischen Querulanten, dem man nichts recht machen kann. Als Folge, dass sie es niemanden recht machen konnten. Sie sind folglich mental gefangen und können nur noch schlecht differenzieren.

In **Notsituationen** neigen sie dazu bewertend, unflexibel, dogmatisch, zwangsneurotisch, überkritisch, überaus ernst, überwachend, ängstlich und eifersüchtig zu sein. Als Erwachsene werden sie penetrant, autoritär und unsensibel auf andere wirken.

Wenn es schlimm kommt, dann werden sie unpersönlich, zu stark emotional kontrolliert, angespannt, steif, oft urteilssüchtig, hat Vorurteile, ordnet die Dinge kategorisch in „richtig oder falsch", perfektionistisch, arbeitssüchtig, moralisierend, zänkisch, leicht zornig und empört, zaudernd, hat oft moralische Skrupel, übergenau, unzufrieden, oft frustriert, sich anstrengend, verantwortungs- und pflichtbewusst, besorgt, genussfeindlich, streng, puritanisch, alles und jeden kritisierend, mit Ärger erfüllt, selbstgerecht, intolerant, absolut, urteilsstreng, nicht kritikfähig, zwanghaft, pedantisch, widersprüchlich handelnd, führt ein 'Doppelleben', heuchlerisch, pharisäerhaft, grausam, verdammend, bestrafend, richtend, rechthaberisch, zersetzend, streng, starr, rigide.

Wenn Perfektionisten spüren, dass der Perfektionismus in die Sackgasse führt, dann erkennen sie das Gute im Vorhandenen nicht mehr, vergleichen dann zu viel, sehen zu sehr das Fehlende.

Ihre große Sensibilität, Empfindlichkeit lässt sie dann in quälerische Zweifel übergehen. Depressionen sind oft die Folge, besonders wenn sich die Wut nach innen kehrt, wozu Perfektionisten eine starke Neigung haben. Dadurch verlieren sie ihr Selbstvertrauen oder glauben, man würde sie nicht lieben oder sie seien nicht liebenswert. Dann sehnen sie sich nach etwas, was sie nicht haben und haben keine Hoffnung, es jemals zu bekommen. Sie sind in der Regel ungehalten, weil das Leben und sie selbst nicht ihren Erwartungen entsprechen.

M4 - Perfektionisten in Friedenszeiten / Mentale Stärken

An guten Tagen wachsen sie, wenn sie wissen, was sie wollen, statt nur zu wissen, was richtig wäre. Sind sie verlässlich, produktiv, klug und kombinationssicher (systemisch denkend), idealistisch, gerecht, ehrlich, diszipliniert, ordnungsliebend, moralisch hochstehend, zuweilen kompromisslos. Sie können zu guten Einigungen beitragen und vernünftige Lösungen finden, zeigen sich dann von ihrer besten Seite und können die anderer zum Vorschein bringen.

Fühlen sie sich gut und ausgeglichen, dann gelingt es ihnen Zusehens besser, vom

Perfektionismus und vom Ärger loszulassen. Sie wirken heiter und gelassen. Heitere Gelassenheit hilft in kritischen, nicht-perfekten Situationen ohne Zorn und Ärger zu reagieren. Gelingt das, dann werden sie weiterhin ihre positiven Ressourcen leben können.

Wenn es besonders schön ist, sind sie persönlich integer, ein moralisches Vorbild, sie agieren inspirierend, reagieren gelassen, kritisch und wach, prinzipientreu, vernünftig, ehrenhaft. Er tritt für seine hohen Werte ein, insbesondere für Fairness und Ehrlichkeit. Er ist unbestechlich, auch als Ausdruck seiner hohen Ansprüche.

Wenn ein Perfektionist sich sicher und geborgen fühlt und wachsen darf, dann findet er Gelassenheit, sieht neue Horizonte und interessante Projekte. Ist dann in seinem Handeln und Denken begeisterungsfähiger, natürlicher, spontaner, offener und optimistischer.

Perfektionisten sehen das Glas halb voll statt halb leer. Sie nehmen sich dann mehr Dinge zu ihrem eigenen Vergnügen vor, z.B. mehr Freizeitaktivitäten, Freunde besuchen und etwas mit ihnen unternehmen.

Mentalität 5: Der Friedliebende
(der Entscheidungsträge, der Ausgleichsuchende)

Motivbasis

Der Friedliebende ist im Grunde **dominanzorientiert**, aber er wurde durch fehlenden wie nichtunterstützenden Beziehungseinfluss (Verwöhnung / Vernachlässigung) *blockiert*.

„Ich wurde entweder verwöhnt, wurde kaum bei Handlungen unterstützt oder musste immer nett sein (blockierte Beziehung). Meine eigenen Handlungen (Dominanz) wurden kaum zugelassen und stark reguliert."

Die ersten Lebensjahre

Die meisten Friedliebenden berichten von einer schönen und angenehmen Kindheit. Sie waren als Kind eher unauffällig und haben sich als Kind mit ihren Bedürfnissen übersehen gefühlt.

Ihr zentrales Kindheitsthema war ein Konflikt zwischen ihrem Bestreben nach Autonomie und Symbiose (Abhängigkeit) von ihren Eltern und den Erfolgen oder Misserfolgen, die aus ihren Handlungen entstanden sind, z.B. wie sie mit Misserfolgen umgegangen sind und wie ihre Eltern darauf reagiert haben. Sie haben die Erfahrung gemacht, dass sie bei Eigenständigkeit in „Not" geraten sind. Der Umgang mit ihren Eltern war eher mit Abstand und Respekt versehen.

Ihre Grundmotivation ist handlungsorientiert. Durch die starke Anschlussmotivation wirken sie nach außen nicht als ein dominantes Kind, sondern sie verbinden ihr Machtstreben mit den Bedürfnissen anderer. Sie wollen daher wissen, was andere wollen und was sie denken. Das Gehörte versuchen sie in Einklang mit ihren Bedürfnissen zu bringen. So entstehen keine Diskrepanzen. Das führt allerdings auch dazu, dass die friedliebenden Kinder im ersten Schritt eigene Bedürfnisse nicht oder nur schwer äußern und nach außen vertreten können. „Ich weiß nicht, was ich spielen möchte. Was möchtest du denn spielen? Okay, dann spielen wir das." Sie schließen sich anderen gern an. Sie befolgen das vorgegebene Programm. Diese Strategie bleibt auch als Erwachsener bestehen. Sie vergessen sich oft selbst und gehen in dem Anderen auf. Im zweiten Schritt können sie sich selbst nur schwer bis gar nicht selbst motivieren. Das fördert die Orientierung und Entscheidungsübergabe an andere.

Zwar wollten sie ihre Bedürfnisse auch leben und dafür kämpfen, schafften es aber nicht sich durchzusetzen, damit der familiäre Frieden nicht gefährdet bzw. zusätzlich belastet wird. Oder Eltern interessierten sich nicht dafür und kümmerten sich auch nicht aktiv um eine Motivierung ihrer Kinder. Sie waren mit sich selbst beschäftigt. Das führte zu zunehmender Passivität inkl. passiver Aggressivität durch Verweigerung. Folglich fühlen sie sich eingeschlossen und hilflos. Sie glaubten, dass ihre Wünsche, Ansichten und Gefühle unwichtig sind. Hierauf reagierten sie mit passiver körperlicher Aggression: sie machten sich steif und bewegungslos.

Es gab noch einen weiteren Grund, warum sie gelernt haben, keine Forderungen zu stellen und passiv zu agieren, sich zurückzuhalten. Sie wollten den familiären Frieden nicht gefährden.

Das sie nie wirklich gelernt haben, Handlungen bis zum Ende durchzuführen, auch weil man ihnen nichts zutraute oder ihnen die Dinge aus der Hand nahm, sind Friedliebende für ihre 180 Grad-Kehrtwendungen berühmt, ohne vorher Bescheid zu sagen. Sie tun sich schwer damit, eigene Impulse zu setzen und sind entsprechend wankelmütig. Sie halten sich gern mehrere Optionen offen.

Dadurch entsteht eine Art „Ich-Trägheit", d.h. die Fähigkeit seine Bedürfnisse zu fühlen oder detailliert zu sagen, ist mehr oder weniger blockiert. In der Folge denken sie gern und zulange nach. Das wiederum macht sie bei Entscheidungen zwanghaft und grüblerisch-zögerlich. Für Entscheidungen brauchen sie mehr Zeit als andere Mitmenschen. Sie agieren in gewissen Situationen eher initiativlos, aber sie sind nicht faul. Sie können sich nur nicht entscheiden und dadurch entsteht eine Handlungsträgheit. Typisch ist die Aussage: „Es ist nicht wichtig.", heißt: „Nimm mich und meine Bedürfnisse wahr." Oder: „Was möchtest du gerne machen?"

Sie standen oft im Hintergrund oder standen vielleicht im Schatten von ihren Geschwistern. Sie haben gelernt, keine großen Ansprüche zu stellen und möglichst keine Schwierigkeiten zu machen. Auch im „positiven Sinne": Wenn ich folge und keine Probleme bereite, bekomme ich als Belohnung dies und jenes. Vor allem keinen Ärger und es ist friedlich." Im Gegenzug haben sie die Strategie entwickelt, sich mit passivem Widerstand und Verweigerung bzw. passiver Entscheidungsstrategie sich durchzusetzen. „Sag Du zuerst! Ich schaue dann." Folge: man geht kein Risiko ein, sich Kritik für eine Aussage einzufangen.

Sie hatten oft das Gefühl, zu wenig Beachtung und Wertschätzung zu erfahren. Dadurch bekamen sie den Eindruck, die Bedürfnisse anderer sind wichtiger als ihre eigenen.

Zudem war es ihnen nicht gestattet, ihren Zorn oder ihre Wünsche auszudrücken. Sie schalteten auch eher ab, wenn andere sich gestritten haben.

Aus all diesen Faktoren entstand der Glaubenssatz: Es ist gut anderen keine Schwierigkeiten zu machen und seine Bedürfnisse nicht auszuleben. Sie hörten oft: „Mach keinen Zirkus." Sie lernten abzuwarten. Folglich waren sie als Kind eher „brav". Sie verdrängten oft ihre Wut und behielten diese für sich. Versuchten sie trotzdem mal, sich durchsetzen, hatten sie keine Chance oder haben zu schnell aufgegeben bzw. auf stur geschaltet.

Die Beziehung zu Menschen hing immer davon ab, den Frieden zu bewahren und nicht danach zu streben, was man selber wollte. Also lernten sie, Enttäuschungen zu vermeiden und sich vor unerträglichen Emotionen zu schützen.

Sie konnten als Kind stundenlang allein spielen und sich selbst beschäftigen. Sport war eine gute Möglichkeit, seine Fähigkeiten zu zeigen und Selbstsicherheit zu tanken.

Manche Fünfer berichteten davon, in der Schule gehänselt bzw. eingeschüchtert worden zu sein.

Die 12 Apostel eines Friedliebenden

Identität
„Ich bin friedvoll und möchte Harmonie." Ich bin gern der Vermittler bzw. bringe die Dinge wieder in Balance (auch esoterisch). Ich bin zufrieden, wenn ich in meinem Rhythmus gehen und leben kann. In Harmonie fühle ich mich wohl. Ich bewahre die Ruhe und komme mit vielen gut aus.

Innerer Konflikt (Kernproblematik)
Trägheit (Entscheidungen)
Friedliebende Charaktere sind träge und passiv in ihrer Entscheidungsfähigkeit. Deshalb fällt es dem Friedliebenden schwer, eigene Aktivitäten zu entfalten. Es ist für sie problematisch, ihre eigenen Entscheidungen zu treffen inkl. damit verbundene Handlungssicherheiten inkl. Handlungsschnelligkeiten zu entwickeln. Sie überlassen gerne anderen den ersten Schritt und beschränken sich auf das „an die Hand genommen" werden. Sie setzen sich selbst herab, neigen zu Unschlüssigkeit/Untätigkeit. Sie nehmen sich zu stark zurück, besonders in Konflikten und aus Bequemlichkeit. Sie favorisieren lieber das Eins-Sein mit sich und anderen. Sie neigen zu Tagträumen.

Die Hauptemotionen im Konflikt: passive Wut/Trauer

Sie haben Angst vor Trennungen, daher legen Sie auch viel Wert auf inneren und äußeren Frieden. Sie möchten immer bei den (be-) geliebten Menschen sein. Sie haben daher gelernt, Wut und Ärger möglichst lange zu unterdrücken, damit es kein Anlass für Streit oder Trennungen gibt. Wird der Druck zu hoch, entlädt er sich oft unerwartet in einem Wutausbruch. Sonst löst er unter Umständen Vernichtungsgefühle in Ihnen aus. Die fehlende Dominanzmotivation nach außen führt dazu, dass sie die Energie gegen sich selbst richten. Das wiederum verstärkt ihre Passivität.

Aufmerksamkeit

Komplexität. Sie denken sehr systemisch und wollen alle Positionen und Ideen verstehen und nach Möglichkeit berücksichtigen. Daher denken Friedliebende gern in „Sowohl-als-auch-Kategorien." Aufgrund Ihres „systemischen Denkens" versuchen sie, die Einstellung anderer zu ermitteln und können Aussagen tätigen wie „Gebt endlich Ruhe, Ihr habt doch irgendwie alle Recht".

Vermeidungsverhalten

Sie vermeiden Konflikte und sich aus der Ruhe bringen zu lassen. Zur inneren Balance der fehlenden Dominanzenergie gehen sie in eine Gedankenwelt und in Schwärmerei. Es kann mit dieser Vermeidungsstrategie passieren, dass Friedliebende sich im Kreis drehen.

Abwehrstrategie

Sie neigen zur Sturheit, passiven Widerstand und Selbst-Betäubung, auch mit Alkohol, rauchend-berauschende Drogen und Trägheit. Sie können die Dinge aussitzen. Ein bisschen Nebel[8] kann nie schaden. O lassen sie in Konflikten manches gerne im Nebel verschwinden.

Bedürfnisse

Sie haben ein ausgesprochenes Bedürfnis nach Einheit, innerer Stabilität, Frieden, Bescheidenheit, Ausgeglichenheit und Harmonie. Nur nicht für Unfrieden sorgen. Sie sind sehr geschickt darin, die eigenen Impulse herunterzufahren und auch möglichst keinen Anlass für Konflikte zu liefern (keine Position beziehen). Mit gutem Willen lassen sich viele Dinge regeln. Sie haben eine Sehnsucht, anderen wichtig zu sein und ernst genommen zu werden.

---

[8] Lesen Sie „Nebel" mal rückwärts. Daraus wird „Leben". So gesehen leben Friedliebende etwas reziprok, wenn sie passiv agieren.

Angriffsstrategie (Anspruch/Erwartungen)

Die Hauptwaffe im Konflikt ist ihre Passivität und einfach nicht zu reagieren. Ignorieren, verlangsamen, nichtverstehen ist das Motto. Zeigen optisch eine gewisse Selbstvergessenheit „Ach ja…? Oh…Naja…, nicht so schlimm, oder". Sie zeigen eine schnelle Kompromissbereitschaft, dann muss man sich mit dem Streitthema nicht auseinandersetzen und kann die Zeit der Harmonie wieder schneller initiieren.

Blindheit

Sie sind blind für das Wesentliche - betreffend ihrer eigenen Person. Sie haben zu sehr gelernt, sich anzupassen.

Falle

Harmonie um jeden Preis. Sie neigen zur Trägheit und Bequemlichkeit, als Wunsch sich weiterhin wohl zu fühlen und ungestört zu bleiben.

Streitressourcen

Sie haben ein aufrichtiges Interesse an Menschen, sie sehen die systemischen Zusammenhänge und können mit den verschiedensten Menschen auskommen. Daher können Sie sich gut in andere hineinversetzen, ihre Beweggründe verstehen und eine „salomonische" Lösung finden, die die Interessen der Parteien berücksichtigt. Sie sind geduldig.

Entwicklung

Friedliebende müssen lernen das Leben *aktiv* zu leben, es mit allen Vor- und Nachteilen anzunehmen. Sich bei der Auseinandersetzung mit Menschen mit ihrer eigenen Identität, ihren Werten und Normen einbringen, ohne in Passivität/Rückzug zu verfallen.

Lernen aktiver zu agieren, damit finden Friedliebende müssen ihren einen eigenen Weg zur Identität aufbauen und Vertrauen in ihre persönlichen Entscheidungen gewinnen. Sie brauchen Liebe, Ich-Stärkung und mehr Handlungswillen. Entwickelte Fünfer handeln angemessen und mit Augenmaß. Sie sind in der Lage Prioritäten zu setzen. Können eigene Bedürfnisse besser äußern. Um sich zu entwickeln, brauchen sie Zuwendung von vertrauten Menschen, die als Mentoren agieren. Friedliebende müssen lernen ihre Ziele und Standpunkte selbst zu setzen und zu vertreten, auch unabhängig von der Meinung anderer, auch wenn es unangenehm wird. Sie laufen sonst Gefahr, zu schnell vereinnahmt und zu passiv zu werden.

Entwickelte Friedliebende agieren nicht ohnmächtig und abwartend, sondern setzen eigene Akzente und Ziele. Sie nehmen sich selbst ernster, entwickeln ein eigenes selbstmotiviertes Profil, treten entschiedener auf und sind dynamischer in ihrem Vorgehen. Sie drücken ihrem Leben einen eigenen Stempel auf.

Der Friedliebende ist positiv von Folgendem überzeugt:
- die Motive menschlichen Handelns zu verstehen,
- friedlich miteinander zu leben und zufrieden mit sich zu sein,
- sich entspannen und ausruhen zu dürfen,
- im Streit den Konsens zu suchen und Optionen zuzulassen.

M5 - Führungsstil

Sie sehen sich per se nicht in der Führungsrolle. Aber wenn, dann bevorzugen sie einen angemessenen, kooperativen Führungsstil mit einem sehr guten Stellvertreter, d.h. ohne zu große Spannungen, Konflikte, Unvorhersehbarkeiten und Unsicherheiten. Sie agieren sehr hilfsbereit, nachsichtig und warmherzig. Sie haben einen partnerschaftlichen, fast zu harmonischen Führungsstil. Sie lassen ihren Mitarbeitern manchmal zu viel durchgehen und geben keine (konkreten) bzw. indirekte Anweisungen. Sie neigen zu gütigen Entscheidungen und zu Inkonsequenzen in ihrem Führungsstil. Macht und Kontrolle erfolgt durch 'Schweigen' und Unklarheiten. Sie wirken dann auf Ihre Mitarbeiter ratlos und unentschlossen.

Sie geben Anweisungen, die ohne Druck vorgetragen werden. Sie führen durch Konsens und sehen sich als Berater ihrer Mitarbeiter, dass alle etwas bekommen und zufrieden sind, oder sie führen strikt nach Vorgabe, nach den Regeln („Ich habe die Regeln nicht erfunden…").

Sie mögen lieber Mitarbeiter, die nicht viel Anleitung brauchen, sich selbst führen können und nicht zu risikoreich vorgehen. Die sich an Vorgaben, Regeln halten und Details bzw. Einzelheiten gekonnt ergänzen können. Mitarbeiter, die Genauigkeit und Klarheit (Entscheidungen) brauchen oder gar verlangen, sind nicht gut bei Ihnen aufgehoben.

Generell schätzen es Ihre Mitarbeiter, wenn Friedliebende auf sie eingehen und ihnen zuhören.

Sie wiederholen lieber Bekanntes, bevor Sie Neuerungen einführen (Routine). Sie mögen lieber Routinearbeiten (verstärken das gewünschte Sicherheitsgefühl), da Sie Risiken nicht mögen.

C5 - Konfliktverhalten

Wenn es Friedliebenden nicht gut geht, dann neigen sie zu Emotionen der passiven Wut, Trauer und Angst, die oft in ein passives, träges Verhalten münden. In ihrem Verhaltensmuster sind sie eher zurückgezogen, passiv verteidigend (stur). Sie erscheinen nicht wirklich zuzuhören, zeigen sich nach außen energielos und antriebsarm, wirken energetisch in sich gefangen und introvertiert. Sie sehen dann vieles negativ. Leben im Extremfall ohne Ziel in den Tag hinein. Ihre Dominanzmotivation können sie dann nur passiv leben, z.B. durch passiven Widerstand.

Sie gewinnen in schwierigen Situationen lieber die Kontrolle durch stur sein und Langsamkeit. Sie warten einfach die Entwicklung ab. Damit zeigen Sie gleichzeitig Ihren Wunsch, sich weiterhin wohl zu fühlen und ungestört zu bleiben. In der Regel geben Sie in Konflikten schnell nach und suchen nach alternativen Lösungen.

Sie sind in Konflikten abwartend, sehr nachgiebig, weil sie Angst haben, den Menschen zu verlieren. Darum sagen sie schnell „Ja", obwohl sie es gar nicht möchten und etwas anderes wollen. Sie verfügen über Streitvermeidungsstrategien. Auch wenn sie verärgert sind, geben sie es nicht (gleich) zu. Sie wollen keinen Streit. Wenn man sie in die Enge treibt, dann explodieren sie wie keine zweite.

Friedliebende sehen sich sehr gern als Opfer. Die anderen (die Oberen) und die äußeren Umstände sind Schuld (Kindheitserfahrung). Sie verdrängen ihre Wut und behalten sie für sich. Sie ignorieren es, wenn andere sich streiten.

Sie empfinden das Leben eher als „Das ist mir so geschehen." Sie reagieren auf Kritik überempfindlich, nehmen hochgezogene Augenbrauen oder zucken in den Mundwinkeln persönlich. Störrische Friedliebende lassen sich sehr viel Zeit, reagieren passiv-trotzig, wenn andere versuchen, sie anzutreiben. Sie haben ein starkes Problem, sich selbst zu behaupten und eigene Motivationen zu entwickeln. Ihre Interessen können daher stark schwanken (180°-Wendungen). Als Ausweg ersetzen sie wesentliche Bedürfnisse und Ziele durch unwesentliche Ziele.

Man spürt ihre Unzufriedenheit, wenn sie sich verweigern, eher starr werden (passiver Widerstand) oder „unsichtbar" werden, sprich sich in ihr Schneckenhaus (Ort der Sicherheit) zurückziehen. Daraus entsteht auch eine Abneigung gegenüber negativen Gefühlen (nur nicht spüren), sich wirklich selbstkritisch zu betrachten und in sich selbst zu investieren. Das Fatale ist, dass sie nicht wahrnehmen, wie andere Menschen mit

Unverständnis auf ihre Passivität reagieren. „Sie merken auch nicht, dass sie ihrer Grundangst, der Angst vor Trennung und Aufsplitterung, Vorschub leisten."[9]

Typisch für das Konfliktverhalten sind zwei Phasen:
Die *erste Phase* ist geprägt von einem ambivalenten, widersprüchlichen, nicht entscheiden könnenden Verhalten. Sie können schwer Nein sagen bzw. für sich selbst einstehen. Probleme und Konflikte werden erst einmal geleugnet. Sie kommunizieren indirekt, wenn es um den Ausdruck von Konflikt und Ärger geht, z.b. durch das Stellen von Fragen, vorwurfsvolle Blicke, das Leugnen der Gefühle und der Wichtigkeit verhindert echte Konfliktbereinigung und Verzeihung.

Solange sie ihre Position nicht gefunden haben, wirken sie unentschlossen und nervös. Durch Verschleppungstaktiken erreichen sie es, gehört zu werden. Gern lachen sie entschuldigend und versuchen damit, den Konflikt emotional herunterzufahren.

Und die *zweite Phase* zeichnet sich durch Schweigen, durch Sturheit aus. Sie hoffen, dass sich der Konflikt durch Nichtssagen und sich verschanzen von selbst löst bzw. an ihnen vorbeigeht. Dabei schieben sie den Konflikt auf und halten den Anderen hin. Sie nehmen sich und ihre Bedürfnisse zu stark zurück. Die Konfliktpunkte werden vermieden, aber „gesammelt". Sie informieren nicht alle gleich, sondern machen Unterschiede, wer welche Infos bekommt. Zudem verkünden sie nach langem hin und her Ihre Entscheidungen wie aus „heiterem Himmel".
Wenn ein anderer ärgerlich ist, dann reagieren sie beleidigt. „Ich habe doch gar nichts getan."

Werden sie dickköpfig, dann reagieren sie zu Beginn eher langsam und später sehr wütend. Andere legen dies als selbstsüchtig und unnachgiebig aus. Die Wut wird in einer (un-)passenden Situation herausgelassen. Sie verlassen bei Streitigkeiten gern den Raum. Trennungen fallen ihnen sehr schwer. Das gilt auch für das Loslassen von Erinnerungen. Sie haben ein „Elefantengedächtnis". „Es war Deine Idee, nicht meine. Jetzt mag ich nicht mehr und Schuld daran bist Du." Über das Festhalten versuchen „Friedliebende" die Kontrolle zu erlangen.
In der Konfliktlösung ist es zudem hilfreich, dass sie alle Seiten (Positionen/Interessen) nachvollziehen können. Haben sie in einem Konflikt erst einmal einen Standpunkt eingenommen, dann sind sie nur sehr schwer davon wegzubewegen.

---

[9] Zitat aus Riso/Hudson, „Die Weisheit des Enneagramms", S.365, Goldmann-Verlag.

Entwickelte Friedliebende sehen sich eher als friedvoll und übernehmen in Konflikten gern die *Rolle des Vermittlers*. Als Vermittler können sie beruhigend, ausgleichend agieren und wirken. Sie sind dann sehr diplomatisch. Da kommt ihnen ihre Fähigkeit, sich gut in andere Menschen hineinversetzen zu können zu Gute.

Intuitive Friedliebende sind eher idealistischer und individualistischer eingestellt. Sie sind an Ideen und Möglichkeiten interessiert.

M5 - Stress-, Druckverhalten

Unter Stress/Druck versteifen Friedliebende körperlich wie mental. Sie werden unbeweglich, besonders wenn sie unter starkem Druck geraten. Probleme stellen ein enormes Konfliktpotenzial dar. Sie geraten in Panik und Erstarrtsein (bewegungslos). Sie werden passiv. Zorn wird gemieden, wo es nur geht. Sie sagen unter Stress oft nichts. Sie sitzen wie angewurzelt da und tun rein gar nichts. Das wird zum Teil mit einem depressiven und verzweifelten Gefühl begleitet. Sie werden phlegmatisch und langsam.

Durch ihre Angstaspekte und Nichtleben der eigenen Bedürfnisse neigen Friedliebende dazu, sich lieber mit Nebensächlichkeiten zu beschäftigen. Sie haben unglaubliche Schwierigkeiten, eigene Ziele zu setzen. Sie lassen sich auch leichter ablenken, verzetteln sich und lassen sich vom Kurs abbringen. Sie gehen unter Stress in einen passiven Widerstand, neigen dazu Zerstreuung zu suchen und sich zu betäuben. Sie vernachlässigen sich selbst. Daher können sie sich nur schwer aufraffen.

Sie nehmen gern die Opferrolle ein. Sie mögen es gar nicht, wenn man sie dazu bedrängt, einen Konflikt anzunehmen. Besonders, wenn sie wissen, dass sie an der Entstehung nicht ganz unbeteiligt waren. Sie können dann sehr stur und begriffsstutzig reagieren. Das ist eine Form ihrer Abwehrreaktion und eine passive Form der Abweisung. Das kann auf andere sehr provozierend wirken. Allerdings erregt sich ihr Zorn nur langsam. Wenn doch, dann aber gewaltig.

Sind Friedliebende ausgebrannt/müde, ziehen sie sich zurück. Sie lassen ohne innere Beteiligung die anderen machen. Sie können halt nicht mehr. Sie resignieren förmlich, wenn sie sich nicht weiterentwickeln. Im Extremen werden sie depressiv, entwickeln Fantasien und Rachegelüste, denen sie aber nicht nachgehen.

Hilfe nehmen sie meist nicht so gern an. Aber, es tut ihnen gut, wenn man sie *nicht* unter Druck setzt, man ihnen keine Ratschläge gibt und sie als Eltern offen und interessiert bleiben. Friedliebende entscheiden schneller, wenn sie ihre Freiheit behalten.

In **Notsituationen** neigen Friedliebende dazu Dinge weiter aufzuschieben, vergesslich, stur, störrisch, grüblerisch, apathisch, passiv-aggressiv, urteilend und unentschlossen zu sein.

Sie lehnen Hilfe kategorisch ab, verleugnen Probleme und wollen sie nicht sehen, sind orientierungslos, vernachlässigen sich, werden zusehends depressiver, emotionsloser, konfuser, handlungsunfähig. Sie isolieren sich. Sie werden faul bzw. träge, fatalistisch und resigniert können sie sein, machen dann alles ohne eigenen Standpunkt, sind unterwürfig, können unterentwickelt und schwach sein, haben mangelndes Selbstwertgefühl, sind extrem nachlässig, schalten einfach ab, sind ziellos, ersetzen eigene Ziele durch unwichtige Aktivitäten.

Sie richten den angestauten Zorn gegen sich selbst. Sind suchtgefährdet (Essen, Dauer-Fernseher, Alkohol,...). Sie wirken in der Folge abgestumpft, zynisch und neigen zum Persönlichkeitszerfall.

Sie mögen es überhaupt nicht, abgeurteilt und missverstanden zu werden, nur weil sie friedlich oder unentschlossen agieren. Sie schließen daraus, dass man sie weniger ernst nimmt und nicht auf sie hört.

Sie sprechen selbstkritisch zu sich, wegen ihres Mangels an Initiative und Disziplin. Sind mit sich unzufrieden, weil sie nicht wissen, was sie wollen. Auch, weil sie sich zu sehr darum kümmern, was andere über sie sagen. Nimmt die Angst überhand, dann machen sie sich noch kleiner. Wenn die Ängste und Sorgen zu stark werden, werden sie andere emotional und verbal angreifen. Ihre Selbstzweifel steigen noch mehr. Sie werden noch unentschlossener oder rigider. Ihre Passivität und Untätigkeit nehmen zu.

Aber auch zurückhaltend sein, sich zu stark anpassen (chamäleonhaft), versuchen, Rollen und Erwartungen zu erfüllen, eigene Wünsche durch die anderer zu ersetzen, oft unüberlegt zu handeln, naiv und zu unbekümmert sein, wenig aufmerksam sein, wenig engagiert, passiv, lässig, energielos, Probleme verharmlosen, um andere zu beruhigen, schicksalsergeben sein, unentschlossen, sich an Gewohnheiten orientieren, sich in Unwichtigem verlieren, immer mehr auf sich nehmend, ohne etwas loszulassen (Ansammeln von Dingen, Arbeiten, Nebensächlichkeiten, nicht abgeschlossenen Geschäften und Gedanken), Zorn nicht direkt und unmittelbar oder überhaupt nicht äußern, äußerst selten konfrontativ, angriffslustig oder energisch sein.

M5 - Friedliebende in Friedenszeiten / Mentale Stärken

An **guten, normalen Tagen** sind die Kinder freundlich, friedlich, großzügig, geduldig, aufgeschlossen, diplomatisch, offen, mitfühlend.

Eine ganz große Stärke ist ihre Geduld und Ruhe, z.b. bei der Entwicklung ihrer Kinder. Sie entdecken viele positive Seiten. Sie sehen das Positive in sich und ihren Talenten. Wenn alle nervös sind, konzentrieren sie sich auf das, was wirklich wichtig ist und getan werden muss. Sie zeigen, dass sie innerlich stabil mit Krisen und Problemen umgehen können und ihnen standhalten. Das gilt auch für kontroverse Diskussionen. Sie sind der Situation gewachsen. Sie entwickeln eine Freude, die Krisen zu erforschen inkl. ihrer Hintergründe, Muster und Symboliken.

Sie lassen sich zudem nicht unterkriegen. Verfolgen ihre Ziele mit Nachdruck und Konstanz. Sie zeigen ein ausgeprägtes Durchhaltevermögen.

Sie erkennen **an besonders guten Tagen** ihren wahren Wert. Sie sind vital, ehrgeizig und aktiv. Sie werden flexibler, können den Moment spüren und leben, ganzheitlicher denken und sind anpassungsfähiger – alles aus innerer Stärke heraus mit einem hohen Selbstwertgefühl. Sie können die Gegensätze des Lebens akzeptieren.

Sie können wahre Liebe zum Menschen empfinden, statt nur aus der Angst vor Trennungen und Harmoniewünschen, sich Menschen anzupassen. Sie leben gern im Hier und Jetzt. Dadurch können sie sich gut entspannen und genießen.

Sie sind selbstbeherrscht, geistesgegenwärtig, autonom, zielorientiert, erfüllt, ausgeglichen, zufrieden, empfänglich und unbefangen, ursprünglich, einfach und geradlinig, emotional stabil, friedfertig und optimistisch, wirken beruhigend und unterstützend auf andere, geduldig, gutmütig, bescheiden und anspruchslos, maßvoll, wahrhaftig, liebenswürdig, annehmend, vermittelnd, mitfühlend und dienend, tolerant, dankbar lehrend und inspirierend, wohlwollend, nicht bedrohlich, freundlich, gerecht und unparteiisch, natürlich gebietend, fantasievoll und empfindsam, spirituelle und heilende Gaben entfaltend, ihre vielfältigen Talente einsetzend, können innere Kraft tanken durch Stille und Ruhe.

Friedliebende zeichnet ihre ehrliche Akzeptanz gegenüber anderen Menschen aus – ohne andere zu ver- bzw. zu beurteilen (Toleranz). Sie können gut vermitteln und andere Menschen in ihren Bedürfnissen verstehen. Sie sorgen für andere und sind für sie da. Wissend, dass viele Menschen gern mit ihnen zusammen sind.

Mentalität 6: Der Kämpfer
(der Exzessive / der Siegsuchende)

Motivbasis

Der Kämpfer ist **dominanzorientiert** und wurde mit zu viel Dominanzmotivation *überentwickelt.*

„Nur wenn Du Stärke zeigst, vital und mutig bist (Dominanz), wirst Du Herausforderungen bestehen und der stärkste Kämpfer sein (Dominanz)."

Die ersten Lebensjahre

Von Beginn an müssen oder wollen Kämpfer stark sein. Niemals schwach sein oder Schwäche zeigen. Niemals unterliegen, immer gewinnen. Sie wurden mehr oder weniger autoritär geführt. Genetisch unterstützt, auch aus sich selbst heraus sehr kämpferisch. Sie mussten in schwachen Augenblicken sich zusammenreißen und sich beweisen. Tränen waren nicht erlaubt. Daraus entstand die innere Überzeugung: zu leben, heißt zu kämpfen. Mit Nachgiebigkeit und Schwäche gibt man sein Leben in die Hände anderer und man verliert. Sie werden deshalb trainiert in Mut, Ausdauer, Gerechtigkeitssinn (hart, aber innen herzlich), Direktheit, Unkompliziertheit, Schutz gebend. Oder durch starke Konsequenzen und Bestrafungen.

Viele dieser Kinder sind sehr sportlich, trainieren hart, sind ausdauernd und zäh, suchen den Kampf und Herausforderungen, u.a. auch durch Provokationen wie Kinder, die in den Bauch boxen. Setzen ihre Kraft gern körperlich ein. Es wird mit vollem Einsatz gekämpft. Sie schonen sich dabei selbst nicht. Sie unternehmen lieber etwas, als abzuwarten oder genau zu analysieren.

Sie mussten oder wollten sehr schnell erwachsen werden. Oft haben unberechenbare Einflüsse von außen ihre Eigenständigkeit bedroht, daher mögen sie auch keine Verräter.

Ein zentrales Kindheitsthema war unter Umständen der z.T. unberechenbare Erziehungsstil ihrer Eltern. Diese haben sie oft als bedrohlich und als Macht missbrauchend erlebt, z.B. Bestrafung, obwohl sie nichts getan haben. Viele Kämpfer berichten davon, geschlagen worden zu sein und berichteten von launischen Eltern. Umso schwieriger die Kindheit war, umso mehr Macht benötigen sie als Erwachsene.

Sie haben in dieser Zeit eine raue Schale entwickelt und zeigen ihre Verletzlichkeit nicht. Die Welt ist für sie ein Dschungel. Selbstbehauptung ist mehr als Unterwerfung. Respekt erwirbt man sich durch Kraft, stark sein und Dominanzstrategien. Die Belohnung war Erfolg. Bei Schwäche war der Lohn Zurückweisung und Missachtung. Kämpferische Kinder haben ihre Welt (Umgebung) als hart erlebt. Umso mehr sie gemaßregelt und streng erzogen wurden, umso schwerer fiel es ihnen Herzlichkeit zu zeigen. Ihre Unschuld und ihre Toleranz gingen verloren.

Sie sind sich schnell bewusst geworden: „Ich muss kämpfen. Darf mir nichts gefallen lassen, sonst gehe ich unter." Das führte zu wagemutigen und aufmüpfigen Verhalten. Sie zeigten keine Furcht. Darin wurden sie meist vom Vater unterstützt und gefördert. „Lass Dir nichts gefallen mein Sohn. Setze Dich durch. Setze Deinen Willen durch. Zeige, wer der Stärkere ist. Nimm den Kampf an."

Kämpfer sind bestrebt, der Anführer einer Gruppe zu sein. Warum? Als Leader kann sie keiner beherrschen. Nur ein anderer Leader nach einem (fairen) Kampf. Gerne zeigen sie ihre Unabhängigkeit, ihre Stärken, ihre Autonomie und ihren Kampfgeist. Das macht sie zu trainierten wie natürlichen Führungspersonen und Anführern. Ihre Herausforderung ist es, die Ziele mit Entschlossenheit und innerer Härte anzugehen. Keine Tränen zu zeigen und sich auf keinen bis zum Ende zu verlassen. Das erwarten sie auch von anderen.

Sie mögen den Verrat, aber keine Verräter. Jeder kann ein Verräter sein. Daraus resultiert ihre Grundangst von anderen beherrscht und hintergangen/verletzt zu werden. Daraus entwickelte sich eine Tendenz zum Einzelgängertum und sich gegen Autoritäten aufzulehnen.

Oder die Eltern waren zu nachsichtig, setzten keine Grenzen. Das Kind war der kleine Prinz oder Prinzessin.

Die 12 Apostel eines Kämpfers

Identität

„Ich bin stark, ich kämpfe und bin autonom." Ich bin macht- und führungsorientiert. Ich bin der Boss. Ich kontrolliere mein eigenes Territorium, meine Familie und meine Besitztümer. Ich setze meine Stärken ein, um meinen Einflussbereich zu erweitern und zu kontrollieren. Ich bin eine Kämpfernatur.

Innerer Konflikt (Kernproblematik): LUST / Exzesse

Eine wesentliche Schwäche: ihre schnelle Art, Aggressionen zu entwickeln, zu provozieren und ihre Lust am Kämpfen und an Exzessen. Sie nehmen kein Blatt vor den Mund und sagen direkt, was sie denken. Sie streiten sich gern und ggfs. jederzeit. Insbesondere instabile, unsichere Kämpfer, wenn sie sich bedroht fühlen. Dazu kann ein schiefer Blick reichen.

Schuld sind ohnehin immer die Anderen. Sie müssen immer stark sein. Dürfen keine Schwächen zeigen, auch nicht in Momenten, die dazu einladen. Nur keine Angriffsfläche bieten. Die Schuldfrage zu stellen stellt eine herausfordernde, gerechte Machtsituation her.

Die Hauptemotion im Konflikt: Wut und Ekel

Emotional zeigen sie starke Wut- und Ekelreaktionen wie beschimpfen, beleidigen und provozieren. Eye-to-Eye-Fights sind ebenso populär. Wenn sie sich nicht stark fühlen, zeigen sie vor allem Angst oder übertriebene Aggression, machen sich groß. Zeigen typisch tierisches Dominanzverhalten. Sie mögen es nicht, wenn man ungefragt in ihr Territorium einbricht. Sie sind hierarchisch denkend. Der Kleinere dient dem Großen.

Aufmerksamkeit

Ihre Aufmerksamkeit ist auf *Freund- und Feindsuche* ausgerichtet. Sie achten sofort darauf, wie stark jemand ist. Ob er genug Kraft hat ihnen im Konflikt standzuhalten. Lieber stark und vielleicht im Unrecht sein als schwach und im Recht. Sie üben Kontrolle aus und denken in schwarz-weiß, Freund-Feind-Bild, entweder/oder. Die Starken überleben, die Schwachen gehen unter. Ich will es oder gar nicht. Als Erster am Ziel sein. Ihre Aufmerksamkeit richtet sich auf Gerechtigkeit und wer das Sagen hat. Sie mögen keine Intrigen. Sie schätzen ein starkes Gegenüber, das für sich spricht und kämpfen kann.

Vermeidungsverhalten

Niemals zeigen Kämpfer ihre Schwächen oder geben nach. Gegenüber niemandem. Sie vermeiden unsichere Situationen oder schwächelnde Menschen.

Abwehrverhalten

Sie leugnen Schwächen und streiten diese ab, um nicht zu unterliegen. Die eigene Schuld und unangenehme Gefühle werden geleugnet bzw. auf den Anderen projiziert. Grund: Sie sind ungerecht behandelt worden. Sie wehren sich durch Imponiergehabe und verschaffen sich dadurch Raum.

Bedürfnisse

Sie haben ein ausgesprochen starkes Bedürfnis nach Selbstständigkeit. Zu starke Abhängigkeiten verachten Kämpfer. Selbstbehauptung und Durchsetzungsfähigkeit sind für sie wichtige Werte, auch wenn sie jemandem dienen.

Angriffsstrategie (Anspruch/Erwartungen)

Schnelligkeit, Härte, direkt-aggressives Vorgehen inkl. Imponiergehabe. Zollt gegenüber dem Schwächeren keinen Respekt, insbesondere wenn nicht gekämpft wird. Das ist Feigheit. Sie kontrollieren das Schwache und das Starke.

Blindheit

Der eigene Einfluss auf andere, eigene Maßlosigkeit und Freiheiten anderer.

Falle

Egozentrismus und maßloses Zeigen der eigenen Dominanz. Tendenz Rache und Vergeltung zu üben.

Streitressourcen

Sie wirken sehr selbstsicher und sind durch ihre Körpersprache präsent. Sie bewegen und stellen sich den Herausforderungen, um zu bekommen, was ihnen zusteht. Wenn Kämpfer dies mit Zielstrebigkeit und Geduld verbinden, dann gewinnen sie die Erfahrung, dass man Menschen nicht kontrollieren muss und können sich auch für Schwächere einsetzen, besonders wenn sie den Eindruck haben, es geht nicht gerecht zu. Dann werden Kämpfer sehr energisch.

Entwicklung

Kämpfer entwickeln sich menschlich, wenn sie mehr Großmut und Nachsicht zeigen. Sich für den Anderen wirklich umfassend interessieren, ihm Raum geben und nicht alles bestimmen. Kämpfer sollten als Mentor agieren. Auch die Befindlichkeiten des Anderen wahrnehmen. Setzen sie ihre Power dosiert ein, so dass sie andere nicht einschüchtern oder überrollen. Entwickelte Kämpfer können die eigenen schwachen Seiten akzeptieren, mehr Mitgefühl und Verständnis zulassen. Aussöhnung wird möglich. Sie sollten auf einen versöhnlichen Umgang mit sich selbst achten und die Türen zu ihren Herzen öffnen. Entwickelte Sechser gestehen dem Anderen seinen Raum und jedem sein Recht zu. Akzeptieren deren Grenzen. Dann wird Selbstbestimmung im Einklang mit ihren Mitmenschen möglich.

Der Kämpfer ist positiv von Folgendem überzeugt:
- im Leben stark zu sein und für seine Ansichten zu kämpfen,
- eine klare Position zu beziehen,
- eine Führungsposition zu übernehmen,
- täglich zu trainieren, um seine Fähigkeiten und Potenziale auszubauen.

M6 – Führungsstil

In der Führungsposition schätzen Kämpfer starke und kompetente Mitarbeiter. Sie sind loyal, hingebungsvoll, fürsorglich, auch häuslich (Unser Haus ist eine feste Burg!). Sie setzen sich für Ihre Mitarbeiter ein und wollen für Sie der „Fels in der Brandung" sein. Sie wollen Mitarbeiter, die sich (immer) durchsetzen können und ehrgeizig sind. Fair und anständig. Sie lieben Sieger-Typen. Sie zeigen Ihren Mitarbeitern, wie man mit Risiken richtig umgeht.

Sie agieren und führen immer aus einer inneren Stärke heraus. Sie wollen Mitarbeiter, die Kampfgeist entwickeln und für sich sprechen können. Es imponiert Ihnen, wenn ihre Mitarbeiter, ihre Teams/Truppe unter schwierigsten Bedingungen gute Ergebnisse erzielen bzw. seine Ziele erreichen.

Sie sind auch in ihrem Führungsstil ein Machtmensch und sind konsequent. „Entweder es läuft so, wie ich es will, oder gar nicht." Sie wollen immer Herr/Frau der Lage sein. Führungsziele werden von Ihnen vorgegeben. Damit haben allein sie das Kommando und treffen alle (notwendigen) Entscheidungen. Sie können harte Entscheidungen treffen.

Sie lieben ein straffes Teammanagement („Regiment"), setzen klare Hierarchien und setzen ihre Rhetorik machtbewusst ein. „Meine Mitarbeiter tanzen mir nicht auf der Nase herum." Dabei sind sie im Positiven bestätigend, ermutigend, aufbauend und leistungs- und energiesteigernd, im Negativen jedoch kritisierend, demütigend, bedrohend und einschüchternd.

Da es ihnen tendenziell schwerfällt, emotionale Wärme zu zeigen, stellen Sie kleine Wettbewerbe her, führen kleine Wortgefechte oder knuffen/ärgern den anderen, um hierüber Ihre Zuneigung zu zeigen.

Sie sind eine Persönlichkeit, die schnell den Raum einnehmen (dominantes Verhalten mit kämpferischer Körpersprache). Sie sind dominant, beherrschend, zornig, diskutieren lautstark, machtvoll, um Ihre Ziele zu erreichen. Sie können fordernd und stur sein. Sie können dabei eine sehr überwachende, kontrollierende Art entwickeln.

Sie mögen keine Ausflüchte und unwahre Erklärungen (Feigheit) Ihrer Mitarbeiter. Darauf reagieren Kämpfer mit Härte und undiplomatischer Wortwahl. Andererseits stärken und beschützen sie ihre Mitarbeiter (der Rücken wird gestärkt), besonders bei Druck von außen.

Sie verlangen vollständig informiert zu werden. Alles andere fassen sie als Verrat auf, als nichtvertrauenswürdig. Verheimlichungen mögen sie gar nicht oder wenn ihre Mitarbeiter nach Ausflüchten und Ausreden suchen. Sie mögen kein eigenmächtiges Handeln und Mitarbeiter, die vom Kurs abweichen.

Sie hassen es, eine Angriffsfläche zu bieten oder eine folgenschwere Entscheidung zu treffen, z.B. durch falsche oder nicht vorhandene Informationen. „Ich will die Fakten." „Wer ist dafür verantwortlich?" Daher wirken sie auf andere ungestüm, kontrollierend und kommandierend. Sie geben dadurch anderen das Gefühl, entweder sind sie für sie oder gegen sie.

Sie gehen mit Lob sparsam um.

Sie beugen sich Veränderungen nur dann, wenn sie von der Verbesserung überzeugt worden sind. Es fällt Ihnen leicht und entschieden 'Nein' zu sagen und haben Probleme sofort 'Ja' zu sagen, weil dadurch eventuell eigene Macht abgegeben wird.

Unsicherheit und Zögern der Erzieher begegnen sie mit Ablehnung und Ignoranz. Sie mögen es, wenn man ihnen sagt, was man denkt. Sie erwarten klare und abschließende Antworten. Sie sind sich oft selbst ihres anmaßenden Verhaltens nicht bewusst. Damit zerstören Sie oft Beziehungen und Zusammenarbeit. Sie sollten sich um die Entwicklung Ihrer Beziehungsfähigkeit bemühen.

Wut wird direkt verteilt. Sie sind aber nicht nachtragend, wenn Sie die Wut zum Ausdruck gebracht haben. Schon geringfügige Verstöße Ihres Mitarbeiters können Sie wütend machen.

Sie sehen demokratische Entscheidungsprozesse häufig als Energie- und Zeitverschwendung an.

M6 - Konfliktverhalten

Gern projizieren (übertragen) Kämpfer ihren Zorn auf die Welt. „Du bist schuld." Schuld sind immer die anderen. Sie nehmen damit eine selbstgerechte Haltung ein. Unzufriedene Kämpfer verhalten sie sich „ungerecht", finden harte, beleidigende Worte und stoßen damit andere vor den Kopf. Manchmal erkennen sie zu spät, wann es gut wäre, umzuschwenken. Dann fällt es ihnen schwer, eine andere Position einzunehmen. Sie halten stur an ihren Gedanken fest.

In Konflikten werden sie laut, u.U. sehr laut und mit Körpereinsatz mit einem sehr kämpferischen Stil. Sie sind dabei sehr aktiv. Ganz wichtig: Kämpfer streiten und kämpfen, um zu siegen. Sie suchen auch den „Kampf der Augen": Auge in Auge miteinander sich messen – dabei ehrlich und fair.

Mit ihrer Neigung zu Provokationen, zu Ellenbogeneinsätzen („Man muss sich durchsetzen!") und die Dinge lieber auf eigene Art zu regeln, brechen sie lieber Regeln als sich danach zu richten. Outlaw-Verhalten. Sie mögen es aber überhaupt nicht, wenn man ihre Regeln (Kodex) bricht.

Sie haben generell wenig bis kein Verständnis für abweichende Meinungen. Sie glauben zu wissen, was das Beste für alle ist bzw. worauf es wirklich ankommt. Sie haben den wirklichen Kodex. Das wird durch ihren Unbill unterstützt, sich niemanden gern unterordnen zu wollen. Sie mögen den Gedanken überhaupt nicht, von anderen abhängig zu sein. Daher ihre Neigung, Probleme allein lösen zu wollen. Das wiederum erhöht ihre inneren Spannungen.

Kämpfer sind sehr charismatisch. Sie spielen gern Wettkämpfe, um zu messen, wer der Stärkste ist. Dadurch werden sie unabhängig, selbstsicher und respektiert. Sie wollen Macht ausüben. Wenn sie sich provoziert fühlen oder provoziert werden, dann greifen sie schnell mit Worten und Fäusten an. Mit ihrem provokanten Verhalten wollen sie sehen, wie der Andere darauf reagiert. So bekommen sie Informationen über seine Kampfkraft, seine Grenzen, seine Stärken und Schwächen. Ihr Selbstwertgefühl ist vom Gewinn von

Kampfsituationen (Sieger) und ihrer körperlichen Vitalität gesteuert. Ihre Vitalität stärkt ihre Ausdauer/Kondition, Abschreckungskraft und ihren starken Willen.

Das Zornige und Grollende sollte man nicht persönlich nehmen, sondern ist Ausdruck ihrer Persönlichkeit. Sie neigen zum Grollen und zum „Test", ob jemand den scharfen Blicken und Aussagen standhält. Wenn ja, dann ist er einer von ihnen, der kämpfen kann.

Reizwörter sind „unfair" und „ungerecht." Denn selbstsichere Kämpfer lieben Fairness und Respekt. Daher drängen sie in Konflikten auf Klarheit. Sie müssen aktiv werden, wenn sie sich bedroht fühlen. „Wer ist der Stärkere? Wer hat die Macht?"

Sie können sich in Konflikten schnell hintergangen fühlen. Wittern schnell Verrat. „Was läuft da hinter meinem Rücken?", „Wer hält zu mir?". Sie lieben den Verrat zu ihren Gunsten und verachten den Verräter.

In Krisensituationen verändern sie gern zuerst die Rahmenbedingungen (Zugbrücke hoch, bessere Schlachtpläne, bessere Mitstreiter, die Spielregeln werden verändert).

Vergeltung (Sühne) und Rache ist ein Thema. Fehlverhalten müssen bestraft werden. Sie registrieren aggressive Tricks ganz genau. Sie werden bei unfairem Verhalten aggressiv, ansonsten bevorzugen sie faire Lösungen.

M6 - Stress-, Druckverhalten

Kämpfer geraten unter Stress/Druck, wenn man sie warten lässt, ihnen keinen Raum lässt, sich respektlos verhält und ihnen die Kontrolle entzieht (sie den Boden unter den Füßen verlieren). Wenn ihre Integrität in Frage gestellt wird, man ihnen in den Rücken fällt, sie enttäuscht werden oder wenn sie einen Misserfolg einfahren. Sie hassen es, zu verlieren. „Ohne mich geht es nicht voran. Daher muss ich überlegen und besser/stärker sein."

Körperlich spannen sie ihre Muskeln stark an, bilden Fäuste. Die Augen werden zu Schlitzen und starren dem anderen direkt ins Auge.

Wissen sie nicht weiter, ziehen sie sich zurück. Sie grübeln, sammeln Informationen, lesen u.U. viel. Sie suchen einen bewussten, befreienden Weg aus der Krise. In dieser Zeit sind sie nervös, unruhig, schlafen schlecht, reduzieren ihre Bedürfnisse. Finden sie keinen Weg oder Ansatz reagieren sie mit Zynismus, werden nihilistisch, verlieren ihre Hoffnungen. Das führt im Extremen zu weiteren Isolierungen, paranoiden Gedanken, sie werden verbitterter, das Mitgefühl wird fast auf null reduziert. In der Folge kann es dann zu gewalttätigem Verhalten kommen, um sich aus dieser Verzweiflung zu befreien und sich wieder stark zu fühlen.

Unter **starkem Druck** neigen sie dazu, Angriffen durch eigene Machtausübung zuvorzukommen und noch dominanter zu agieren. Sie setzen alle Waffen ein, um in der unfreundlichen Welt zu überleben bzw. damit die Familie/die Gruppe überlebt. Sie verstärken dann sofort ihre Verteidigungs- oder Angriffslinie, ziehen sich auf eine Beobachterposition zurück, sind für niemanden zu sprechen, werden stur und lassen keine anderen Argumente zu (jeder muss für sich selbst klarkommen). Sie heben Schützengräben aus, installieren Verteidigungsanlagen und bauen innere Burgen. „Hier kommt keiner durch." Sie senden (innere) Durchhalteparolen aus. Kompromisse sind für sie Niederlagen. Das gilt auch für geschenkte Siege.

In Krisensituationen fordern sie die anderen auf, sich zu bekennen. „Bist Du für oder gegen mich. Auf welcher Seite stehst Du? Wirst Du Dich für die Mannschaft voll einsetzen und alles geben?" Sie suchen die Schuldigen für Niederlagen bzw. sprechen Schuldzuweisungen aus. „Du bist schuld." Dann konzentrieren sie sich auf die Schwachpunkte ihres Kontrahenten und sammeln gleichzeitig ihre Kräfte („Na warte, Dich kriege ich"). Haben sie die Schwachpunkte entdeckt, dann schlagen sie gezielt zu, mit allem was sie haben.

Sie schützen ihren weichen Kern (verletzt werden) durch noch mehr kämpferische Aktionen und Vergeltungen. Umso schneller sie kämpfen, um mehr ist ihr Schwachpunkt gefährdet, sind sie angreifbar.

Bevor Menschen auf Ihren Gefühlen herumtreten, beherrschen Sie sie lieber. Wenn alles nichts hilft, drohen Sie, schüchtern Sie ein und kontrollieren, bis der andere sich ergibt.

Fühlen Sie sich schwach, dann fühlen Sie sich hilflos und ausgeliefert. Dann ziehen Sie sich schnell in Ihr Schneckenhaus zurück. Schwache Kämpfer wollen dann bemitleidet werden, starke Kämpfer nicht.

Mit Rückzugverhalten lassen Sie oft ihre Aufgaben liegen und kümmern sich nicht mehr um Ihre Teammitglieder. Sie sind zu einem (extrem) unsozialen Einzelgänger geworden. Sie sind dann der „einsame Wolf". Sie gefallen sich in der Rolle.

In **Notsituationen** neigen sie dazu rebellisch, herrisch, gefühllos, anmaßend, egozentrisch, skeptisch, machtbesessen, (hemmungslos) aggressiv und rücksichtslos, exzessiv, diktatorisch, gewalttätig, grob zu werden, entwickeln Größenwahn mit einem Gefühl der Unantastbarkeit, können brutal, zerstörend, rachsüchtig sein und dulden keinen Widerspruch.

Erwachsene Kämpfer haben eine starke Neigung zum Übermaß, zum machtvollen Missbrauch und zu Übertreibungen, z.B. in ihren Erzählungen. Das gilt auch für Alkohol, Drogen, Sex, Essen. In der Folge zerstören sie sich selbst wie auch andere.

Sie geraten schnell in eine innere Erregung, wenn andere die Regeln nicht einhalten oder Vorgänge nicht planmäßig verlaufen oder andere sich als inkompetent erweisen. Sie werden sehr ungehalten. Das gilt auch, wenn sie keine Anerkennung für den mutigen Einsatz für andere bekommen.

Verletzungen und Ungerechtigkeiten vergessen sie nicht so schnell.
Wenn Kämpfer **unter sehr starkem Stress** stehen, dann entwickeln sie eine paranoide Zurückgezogenheit und ihre Aggressivität wird verstärkt. Sie können zum Tyrannen werden.

Ihr Kontakt zu ihren Gefühlen ist weniger vorhanden. Sie neigen dazu, sich zurückzuziehen, wenn sie Dinge nicht kontrollieren können oder dürfen. Sie fürchten, dass andere sich gegen sie wenden können. Sie kontrollieren dann verstärkt. Sie wirken eher niedergeschlagen und deprimiert. Wenden durch eigene Schuldgefühle ihre Aggressionen gegen sich selbst. Sie werden grüblerisch, zweifelnd, nachdenklich. Sie haben Angst, Macht zu verlieren und fühlen sich ohnmächtig. Sie fürchten, dass andere ihre Schwäche ausnutzen sowie die Rache anderer.

Sie entwickeln Schuldgefühle und sehen ihr eigenes Unrecht, das bestraft werden muss. Dann richten sie ihre Aggressionen gegen sich selbst. Agieren auch aggressiv, rachsüchtig, lästernd und verachtend.

M6 - Zufriedene Kämpfer (Friedenszeiten, mentale Stärken)

Wenn **Kämpfer sich sicher, stark und geborgen fühlen**, dann erkennen sie, dass Freundschaft, Liebe und Mitmenschlichkeit die größeren Mächte sind, die auch Befriedigung verschaffen. Sie sind besser in der Lage, sich anderen gegenüber zu öffnen und auch ihre weicheren, sanfteren Anteile zu zeigen. Sie sind dann sehr liebevoll, voller Zuneigung und Intimität. Das ermöglicht ihnen, mehr Anteil am Schicksal und Wohlergehen anderer zu nehmen. Sie sind fürsorglicher. Sie stellen sich schützend vor ihre Freunde und ihr Team.

Sie sind auf ihre Art humorvoll. Oft begleitet mit kleinen Sticheleien/ Provokationen, die mit einem verschmitzten Lächeln kommentiert werden. „War nur Spaß." Sie sind sehr aktiv, bauen vieles auf, haben Pläne und Projekte. Entwickeln einen gesunden Weitblick für die Dinge. Sie sehen dann Potenziale in sich und in anderen. Sie bringen die Stärken zusammen, gehen mit ihren Freunden und für sie „durchs Feuer" und sie sind sehr respektvoll. Darauf sind sie sehr stolz (spüren EHRE) und fühlen sich auf eine positive Art mächtig. Das verschafft ihnen ein unabhängiges und befreites Gefühl. Sie können durchatmen und spüren pure Lebensfreude. In diesen Phasen können sie auch Schwächen zugeben und darüber sprechen. Sie lernen emotional und sozial präsent zu sein. Sie geben ihre Sturheit auf, zeigen sich interessierter an Meinungen anderer und entdecken den balancierten Willen.

An **guten und normalen Tagen** sind sie direkt, selbstbewusst, loyal, energisch, maßgebend, erdnah, beschützend, folgen eigenen Impulsen, sind extrovertiert, extreme Individualisten, geschäftstüchtig, konkurrierend, positive Machtmenschen, beherrschend und kontrollierend, eigensinnig, kämpferisch, einschüchternd, sich durchboxend, lieben Konfrontation, schaffen streitlustige Beziehungen, äußern ihre Wut offen, sehen alles polarisiert (schwarz-weiß) und sind voller Selbstvertrauen.

Sie zeigen **an positiven Tagen** Eigenschaften wie: großmütig, großzügig, selbstbeherrscht, mutig, aufrichtig, direkt, verantwortungsvoller Umgang mit Macht, führungsstark, für Wachstum und Expansion sorgend, können andere inspirieren, für sich selber einzustehen, ermutigen andere, an Selbstvertrauen und Stärke zuzunehmen, durchsetzungskräftig, überzeugend, fördern andere Menschen, gerecht, ehrenwert, offen, realistisch, originell, treten für Unterdrückte ein, setzen sich furchtlos für Gerechtigkeit ein, sind fair, haben gutes Urteilsvermögen.

Mentalität und Konfliktverhalten

der

3 Erkenntnismotivatoren

7	8	9
Optimist	Skeptiker	Beobachter

Mentalität 7: Der Optimist
(der Gierige, der Vielfaltsuchende)

Motivbasis

Dier Optimist ist **erkenntnisorientiert** wurde mit Dominanzmotivation *umfunktioniert.*

„Nur wenn Du neugierig, optimistisch und offen für die Welt bist (Erkenntnis), wirst Du viele spannende Dinge erleben und kennen lernen (Dominanz/Handeln)."

Die ersten Lebensjahre

Das Kindheitsthema kann bei diesem Charaktertypus sehr unterschiedlich sein.

Viele Optimisten berichten von Rücksichtnahme durch Enttäuschungen oder Krankheiten (eigene oder die von Familienmitgliedern). Dadurch haben die Optimisten als Kind gelernt mittels Freude und Schmerzvermeidung für sich zu sorgen und das Beste aus der Situation zu machen. Die Rücksichtnahmen, die man von ihnen als Kind erwartete und auferlegte, empfanden sie unbewusst als ausgeschlossen sein vom Leben, als Schmerz und Langeweile, sie bekamen deutlich weniger Aufmerksamkeit. Ergo kam es zu dem (unbewussten) Entschluss, emotional für sich selbst zu sorgen, entstand die Strategie der gefühlsmäßigen Distanzierung zu ihren Bezugspersonen und das Gefühl, dass es am besten ist, anderen möglichst wenig Schwierigkeiten und „Scherereien" zu machen. Zur inneren emotionalen Balance der geringeren Aufmerksamkeit benutzen Optimisten „Ersatzobjekte" wie das neueste Spielzeug, Tiere oder andere Gruppen. Sie gerieten leicht in Angst und Panik, wenn es keine „Ersatzobjekte" gab. Je mehr Ablenkungen sie nutzten, umso innerlich frustrierter wurden sie. Als Erwachsene bleiben sie bei der Ersatzobjektstrategie in Form von immer neuen Ideen und Projekten, neuester Mode oder technischen Geräten, wechselnden Erlebnissen und Freunden bzw. Partnern. Nur keine zu engen Bindungen eingehen.

Daraus wuchs auch das starke Streben, grundsätzlich eigene Bedürfnisse entschlossen und aktiv auszuleben. Im Extremen ohne Rücksicht auf andere. Alles aus der Angst geboren, ihren Komfort und ihre materielle Sicherheit zu entbehren.

Andererseits waren sie als Kind aktiv, fröhlich unkompliziert, neugierig, aufgeweckt, fantasievoll und abenteuerlustig. Bei aufregenden Erlebnissen waren sie gern dabei. Sie haben davon taggeträumt, was sie alles tun werden, wenn sie erwachsen und damit frei von „Schmerzen" sind. Sie waren lieber mit anderen Kindern zusammen als allein zu spielen und haben sich gern mit anderen Kindern verglichen.

Sie konnten Erwachsene gut umgarnen, um zu bekommen, was sie haben wollten. Sie beherrschen die Methode „fishing for compliments". Dabei sind sie sehr kreativ.

Die 12 Apostel eines Optimisten

Identität
Ihr Motto: Carpe diem! Genieße den Tag, den Augenblick, das Leben und sei glücklich." Ich bin okay – Du bist okay!" Sie sind lustorientiert und suchen nach Anregungen und Höhepunkten. Sie suchen nach Alternativen, nach positiven Optionen und neuen Plänen. Das Leben ist für Sie ein Platz voller Chancen und Möglichkeiten. Sie freuen sich auf die Zukunft, weil sie die Welt positiv sehen.

Innerer Konflikt (Kernproblematik)
Unmäßigkeit und Gier
Sie können schlecht Maß halten und suchen das nur für sie Günstigste heraus. Es bereitet ihnen Probleme, sich auch mit Negativen zu beschäftigen und es auszuhalten. Je unzufriedener und gelangweilter sie sind, umso mehr müssen sie auch mehr haben. Eine Ursache für ihre Gier. Die Gier ist ihr Weg ihren inneren Schmerz, ihre Angst vor dem Kranksein, vor dem Unbeweglichem zu überdecken. Konflikte werden mit diesem unbewussten Motivhintergrund interpretiert. Optimisten und Friedliebende versuchen Konflikten am meisten aus dem Weg zu gehen. Das Mäntelchen des Schweigens auszulegen.

Die Hauptemotionen im Konflikt: Angst und Wut
Wenn es ihnen nicht gut geht, zeigen sie Angst und Wut, die sie durch Aktionen umgehen wollen. Sie haben eine Grundangst vor Langeweile. Für den Optimisten ist Langeweile eine grausame Form von Schmerz. Langeweile können sie überhaupt nicht aushalten.

Andererseits tarnen Optimisten ihre Angst oder ihren Widerwillen mit der Aussage: „Das ist langweilig!"

Aufmerksamkeit
Sie denken in Ideale wie „Freiheit, Gleichheit, Brüderlichkeit" oder „Habe Freude im

Leben!". Sie richten ihre Aufmerksamkeit auf Menschen mit den gleichen Idealen und Fröhlichkeit.

Was sie besonders gut können, ist das sogenannte „synthetische Denken", d.h. Optimisten beherrschen es, vorhandene Fakten/Ideen mit anderen zu verknüpfen und daraus verblüffende neue kreative Ansätze und Zusammenhänge herzustellen. Ihnen fällt immer etwas ein.

Vermeidungsverhalten
Sie vermeiden Schmerz und Langweile in jeglicher Form. Das gilt auch für ihre Mitmenschen. Sie wollen, dass es ihnen schnell wieder besser geht und muntern sie gern auf.

Abwehrverhalten
Zur Abwehr von Schmerz wird rationalisiert (vergeistigt) und die eigenen Ideale rigide verteidigt: „Wenn ich genieße, dann fühle ich mich wohl." Und es wäre ja sinnlos, sich nicht wohl zu fühlen, also ist die Suche nach Genuss sinnvoll. Sie genießen das Leben in vollen Zügen. Anstelle des Schmerzes und der Langeweile setzen sie alternative Pläne, positive Aktivitäten, Freude, Fantasien.

Bedürfnisse
Sie suchen die schnelle Befriedigung ihrer Wünsche und Neugierde. Sie lieben die Leichtigkeit des Seins, gute Laune und schwelgen gern in angenehmen Vorstellungen. Das macht sie oberflächlich.

Angriffsstrategie (Anspruch/Erwartungen)
Alles sollte dem Ideal der Freude und dem Glück dienen. Sie greifen andere mit wortgewandter Ironie, mit Abwertungen („Das ist ja langweilig!"), mit Schnelligkeit an. Oder sie entwaffnen mit einem Lächeln und Charme.

Ihr Anspruch ist es, ihre Betrachtung des Lebens und der Welt als Ideal darzustellen. Sie versuchen ihre Mitmenschen von ihren Idealen sehr engagiert zu überzeugen. Manches Mal das Glück erzwingen. Sie können dabei sehr beherrschend und an die Hand nehmend agieren. Das nutzen Optimisten auch für ihre Konfliktstrategien. Der Andere ist nur am Meckern, sieht das Schöne nicht, immer dieser Pessimismus, da wird man ganz krank. Folge doch einfach meinen Gedanken und alles wird schön. Gibt noch so viel zu erleben.

Blindheit
Sie verschließen gern die Augen vor Pflichten, Notwendigkeiten und den tatsächlichen Grenzen des Lebens. Sie setzen sich nicht gern mit Negativen auseinander. Versuchen

nach Möglichkeit dem aus dem Weg zu gehen bzw. Pflichtaufgaben zu delegieren. „Dazu habe ich keine Lust oder keine Freude." In Aussicht gestellte Belohnungen animieren sie die Mühsal zu ertragen, aber nur zeitlich begrenzt.

Falle

Alles (sofort) haben und erleben wollen. Eine gewisse Form der Gier nach Neuem, ungeduldige Spontanität und Zerstreuung. Mühseligkeiten werden mit Vergnügtheit kompensiert. Dadurch wird ein sich ernsthaftes Einlassen verhindert und ihre innere Leere kompensiert.

Streitressourcen

Die Stärke der Optimisten ist die Lebensfreude, Offenheit, Fröhlichkeit, unkonventionelle Lebensweise (Leben und leben lassen). Natürliches Staunen über die Wunder der Welt. Ihre Begeisterungsfähigkeit und ihre Lösungsorientierung. Sie suchen und interessieren sich für neue Stimulationen, neue spannende Ideen.

Entwicklung

Gut ist es für den Optimisten, sich in mehr Dankbarkeit (Genügsamkeit), Nüchternheit und Tiefgang (Konzentration) zu üben. Zu lernen, sich nur auf eine Sache zu konzentrieren, Prioritäten zu setzen und sich der aktuellen Aufgabe aufmerksam bis zum Ende zu widmen.

Konflikte gilt es anzunehmen. Eine Selbstentwicklung durch Konflikte oft erst möglich wird. So können sie mehr, detaillierter und ausgiebiger genießen – in sich ruhen und auf die Dinge warten. Entwickelte Siebener können mit ihrem freudigen Optimismus, mit einem Lächeln über schwierige Situationen hinweghelfen (animieren) und durchhalten. Dann können sie Hindernisse aus dem Weg räumen und erreichen mehr Tiefgang. Sie sind disziplinierter und selbstbeherrschter. Sie spüren ihre eigenen Emotionen tiefer und ernsthafter.

Optimisten sind gerne mit Freunden zusammen und erleben gerne Freude. Zwischen Freude und Freunde liegt nur ein Buchstabe. Das „N", das der Optimist gerne mit „Neu und Neugierde" belegt. Jetzt sehen Sie die beiden Wörter im Wort „Neugierde". Hierin liegt die Chance des Optimisten (Neu) und die Kernproblematik (Gier). Hierin muss der Optimist seine Balance finden.

Der Optimist ist positiv von Folgendem überzeugt:
- mit Neugierde, Enthusiasmus und Freude auf die Menschen und in Projekte zu gehen.
- das Glas halb voll zu sehen.

- die Welt in ihrer Schönheit und Chancen wahrzunehmen und zu erleben.
- Carpe Diem! Nutze und genieße den Tag. Neugierig zu sein und Freude im Leben zu haben.

M7 – Führungsstil

Optimisten führen gerne Projekte (innovativ, forschend) mit ihrer Begeisterungsfähigkeit, Großzügigkeit und Frohsinn. Sie möchten, dass ihre Mitarbeiter Spannendes erleben, Schönes kreieren, erfolgreich Projekte umsetzen und viele gute Erfahrungen sammeln. Es kann passieren, dass sie sich mehr um die eigenen Dinge kümmern als um ihre Mitarbeiter.

Sie pflegen einen Führungsstil mit viel Charme, Freude, Motivation, Ideenreichtum, Flexibilität, mit vielen Plänen und Projekten. In ihren Teams soll es „wuseln", etwas geschehen mit viel Freude und hoher Eigenmotivation. Sie wirken auf ihre Mitarbeiter schwungvoll, positiv motiviert, animierend, optimistisch, sehr unterhaltsam (gefördert durch ihren interessant erzählenden Redestil).

Sie mögen flache Hierarchien und pflegen einen partnerschaftlichen, freiheitlichen Führungsstil. „Wir sind alle gleich" bedeutet eher: „Ich mache meins, und Du deins."

Als optimistische Führungsperson sind Sie per se ein sehr guter Mentor. Sie geben ihr Wissen und Ihre Erfahrungen sehr gern weiter. Ihre besondere Stärke ist es, verschiedene Arten von Informationen in ein zusammenhängendes Schema zu bringen.

Sie agieren sehr zielorientiert. Sie loben gern und sofort. Sie stärken Ihre Mitarbeiter, auch durch die Darstellung von Zukunftsvisionen und Durchführung von tollen Spielen und Erlebnissen.

Ansonsten neigen sie zu einer chaotischen und wechselhaften Entscheidungsfindung.

Oft sind sie als Planer und Visionär im Denken ein Schritt voraus. Die manchmal zu übertriebenen Erwartungen und Versprechungen an ihre Mitmenschen oder einen Mitarbeiter, sollten Optimisten herunterschrauben und realistischer betrachten.

Es fällt ihnen schwer, eigene Führungsfehler einzugestehen, und sie neigen dazu Kritiken direkt abzuwehren, u.a. mit „guten" Ausreden oder scheinbar erklärenden Statements. Sie neigen zu Versprechungen, zur Sorglosigkeit und zur Unzuverlässigkeit.

Sie helfen in Notfällen schnell und unbürokratisch.

Sie mögen selbstständige Mitarbeiter, die das Leben und ihre Aufgabe erobern wollen. Kleiner Nebeneffekt: Dadurch gewinnen Optimisten mehr Freiraum und Konzentration für ihre Pläne, Optionen und Aktionen.

M7 - Konfliktverhalten

Negative Gefühle und Streit können Optimisten nicht ertragen. Darauf reagieren sie mit Flucht in Aktivitäten oder in Alternativen. Nur keinen Schmerz bzw. Langeweile spüren. Nur nicht sich tiefer gehend mit dem Konfliktthema auseinandersetzen müssen – grausam. Sie streiten ab, irgendwelche Probleme zu haben – besonders im Gefühlsbereich. „Nein, mir geht es immer gut. Alles im grünen Bereich."

Konflikte werden von ihnen gern „umschifft", aber auch von ihnen schnell vergessen (das ist im Positiven wie im Negativen zu verstehen). Ihr Fokus liegt auf den schönen Dingen des Lebens. Schwierigkeiten sind hier nur hinderlich. Streitereien, die nicht enden wollen, zermürben sie und vermiesen nur die Stimmung.

Probleme und negative Diskussionen werden von ihnen positiv umgedeutet oder umgeleitet („Darüber reden wir später, wenn das Projekt zu Ende ist" oder „Habe ich gar nicht so negativ in Erinnerung."). Das hat auch Vorteile: Sie zeigen, welche Vorteile, welcher Nutzen in dem Konflikt liegen könnte. Sie betrachten die Sonnenseite im Streit und nicht nur die Schattenaspekte.

Sie sind Meister im Umdeuten (auch durch positive Betrachtung) und im Ausweichen. Die sofortige Bedürfnisbefriedigung dient dazu die innere Leere, langweilige Situationen und den emotionalen Schmerz, unangenehme Situationen zu umgehen. Dafür starten sie auch Ablenkungsmanöver (weichen aus), sind Meister im Umdeuten und bemerken den Schmerz anderer nicht.

Sie versuchen Differenzen durch Charme ausweichend zu überwinden. Kritik wird abgewehrt, bevor es das eigene Selbstbild inklusive Images beschädigt. Sie benutzen oft ihren Humor, um Unzufriedenheit und Ärger auszudrücken. Oder fangen einfach an zu lachen bzw. zu lächeln, wenn es zu unangenehm wird oder man sie bei einer Lüge erwischt hat.

Sie sind sehr wortgewandt, wortwitzig und dabei gern ironisch oder sarkastisch. Sie vermeiden die offene Konfrontation und das Risiko der Zurückweisung. Sie ziehen sich bei Konflikten in einer Beziehung schnell zurück (Weglauf-Strategie). Weil sie negative Erfahrungen gern zur Seite schieben, können sie leichter vergeben als die meisten.

Kontrolle, Befehle und Einschränkungen demotivieren sie stark. Sie brauchen eine gewisse Form der Gleichberechtigung und Anerkennung von Autoritäten. Sie korrigieren daher andere nicht direkt, sondern verstärken das von ihnen erwünschte Verhalten des anderen positiv. Sie mögen generell keine Kontrolle. Die meisten Konflikte mit Optimisten gehen um zu viele Projekte, die schlecht und zu ungenau (unkontrolliert) ausgeführt werden. Sie geraten in Schwierigkeiten, wenn es wirklich ums Detail geht und es darum geht, dass auch sie ihren unangenehmen Beitrag zur Lösung leisten müssen.

M7 - Stress-, Druckverhalten

Sie geraten unter Stress/Druck, wenn ihnen Optionen (Alternativen) verloren gehen, die Optionen sich in Luft auflösen bzw. wenn sie infrage gestellt werden. Sie treten dann sehr fordernd, mürrisch, ungeduldig und überheblich auf. Sie mögen es überhaupt nicht, wenn man ihre Erwartungen nicht erfüllt.

Sie werden unter Stress bzw. wiederholtem Frust intolerant und absolut selbstbezogen. Der Frust zeigt sich auch, wenn sie zulange auf etwas warten müssen. Sie reden dann bevor sie denken und werden beleidigend und belehrend.

Erschöpfungszustände erleben sie, wenn sie monoton immer das Gleiche tun müssen oder ihre Pläne auf Widerstand stoßen. Das frustriert sie. Wenn sie unglücklich sind, dann versuchen sie, mehr zu bekommen. Nur besiegt das nicht wirklich ihr unglückliches Gefühl.

Mit ihrer Erlebnisfreude/Gier neigen sie dazu, vielen Modetrends nachzulaufen und diese zu idealisieren. Sie wollen unbedingt andere vom neuen Trend überzeugen.

Sie werden zornig, wenn die eigenen Fähigkeiten angezweifelt werden oder sie ihre Bedürfnisse nicht ausleben dürfen. Dabei spüren sie innerlich, dass sie in diesen Situationen ihre Energie eigentlich bündeln müssten, sich auf eins konzentrieren und sich beherrschen müssen. Stattdessen reagieren sie unzufrieden, nörgelnd und meckern wie ein Rohrspatz, zeigen zickige, kindische Reaktionen.

Optimisten mögen es nicht, von anderen gefordert und ermahnt zu werden, z.B. von Eltern. Man solle nun endlich eine (unangenehme) Entscheidung zu treffen. Oder den schwelenden Konflikt regeln und sich nicht mehr mit einem vollen Terminkalender herausreden. Wenn diese optionale Flucht nicht mehr möglich ist und sie sich auf eine Sache fokussieren müssen, dann reagieren Optimisten ärgerlich, ungehalten und zornig. Vom sonst so glücklichen und freudestrahlenden Menschenkind ist dann nicht mehr viel zu sehen. Sie fangen an, andere zu kritisieren, ihnen die Schuld zuzuschieben, machen sich über andere lustig. Sie sind eventuell neidisch auf die Freiheiten anderer, bringen andere Familien, Kinder oder beruflich Abteilungen ins Spiel, wo es aus ihrer Sicht viel besser läuft. Und schließlich sei das Ganze nicht ihr Problem. Wenn die anderen offener und aufgeschlossener wären, dann müsste hier auch keiner leiden.

Unter Druck schieben sie die notwendigen Aktionen gern auf und spielen auf Zeit, obwohl sie schnell dazu neigen, Verpflichtungen einzugehen. Das Aufschieben verschafft ihnen Elastizität und Flexibilität.

Ein diktatorisch fester Tagesablauf ist Ihnen ein Gräuel. Sie mögen lieber Planungen mit Freiheiten. Sie entfliehen damit auch ein Stück der Gegenwart. Sie denken, die Zukunft wird das Problem schon lösen. Darin besteht die konkrete Gefahr, nur noch in der Idee und in der Zukunft zu leben. Es fällt ihnen dann sehr schwer, konsequent zu sein und die Aufgabe direkt zu erleben und abzuarbeiten. Wenn es konkret wird, verlieren sie die Energie und fühlen sich müde.

Sie schieben gern die Verantwortung von sich, wenn etwas misslungen ist bzw. reden sich aus Schwierigkeiten mit Charme heraus. Sie machen unter Umständen Winkelzüge oder täuschen etwas vor.

Sie sind bestrebt wie ein Perfektionist (M4) perfekte Arbeit abzuleisten, mögen es überhaupt nicht, wenn man sie auf Fehler hinweist. Es zerstört das schöne Bild. Sie reagieren dann mit einem starken Widerstand.

In schwierigen Zeiten können sie positiv versöhnlich und kreativ sein.

In **Notsituationen** neigen sie dazu narzisstisch, impulsiv, unkonzentriert, hektisch, rebellisch, undiszipliniert, besitzergreifend zu sein.
Neigen dann zu ausschweifenden Partys mit Alkohol- und Drogenkonsum. Sie flüchten aus der realen Welt in das Gebiet der Freude und Exzesse. Da es ihre innere Leere nicht füllt und die reale Welt doch immer wieder an der Tür anklopft, werden sie manisch-depressiv, selbstzerstörerisch, ruhelos und erleben heftige Stimmungsschwankungen wie ein Individualist (M1). Keinen Ausweg aus der Misere zu finden, keine gesunden Optionen zu sehen, macht sie panisch und lähmt sie.

Aber auch unsensibel den Bedürfnissen anderer gegenüber durch die eigene Befriedigung im Vordergrund. Der Optimist erkennt seine Grenzen nicht, ist ausschweifend, exzessiv, zerstreuungssüchtig, rechthaberisch, ein Wirklichkeitsflüchtling, dilettantisch, suchtgefährdet, zwanghaft, manisch, 'hysterisch', panisch und lebt sich aus.

Wenn sich der Optimist in die Enge getrieben fühlt, dann weicht er aus. Er versucht dann eine Ordnung herzustellen, indem er sich an Personen, Prinzipien oder Dinge klammert.

Optimisten sind ständig gereizt und neigen wie Perfektionisten zu Verärgerungen und Zorn, wenn sie ihre Optionen aufgeben müssen. Sie werden dann zynisch, überkritisch, mäkeln herum, fauchen andere an und versuchen andere zu verändern. Sie fangen an, sich und andere zu verurteilen. Besonders, dass diese ihnen jedes Vergnügen berauben würden. Sie können dann nicht mehr über sich selbst lachen.

Sie glauben die Wahrheit für sich gepachtet zu haben und sehen die Dinge verstärkt in Schwarz-Weiß-Sequenzen. Ihre Gedanken drehen sich nur noch um ihre eigenen Pläne, die eigenen Bedürfnisse.

Sie sind dann dogmatischer und drängen anderen ihre idealisierten Theorien und Überzeugungen auf. Sie gehen der eigenen Verantwortung noch mehr aus dem Weg, weil sie sich noch mehr mit sich selbst beschäftigen. Im beruflichen Kontext benötigen sie viele Besprechungen, weil die Meetings oft zu keinen konkreten Ergebnissen führen.

M7 - Optimisten in Friedenszeiten (Mentale Stärken)

An guten Tagen sind sie fröhlich, spontan, einfallsreich, produktiv, begeisterungsfähig für neue Dinge und Erfahrungen, schnell, zuversichtlich, charmant und neugierig. Sie beherrschen es, „Fünfe gerade sein zu lassen". Haben Mut, Risiken einzugehen und sich auf interessante Erfahrungen einzulassen. Mit ihren unterschiedlichsten Interessen und Fähigkeiten können sie brillant sein und die begonnenen Aufgaben beenden. Ihr ruheloser Geist findet einen besonnenen Weg zu mehr innerer Ruhe und tieferen Einsicht. Sie bleiben mit der Realität in Bodenkontakt.

Sie reagieren empfänglich auf die Bedürfnisse anderer, sind achtsam, dankbar, ehrfürchtig dem Leben gegenüber, kann überschwänglich Freude (er)leben, sind belastungsfähig, lebhaft und munter, praktisch und produktiv, tüchtig und vielseitig, ein 'Alleskönner', kreativer Problemlöser, nüchtern, visionär und idealistisch, bemüht, entschieden, sehen und fördern das Gute in jedem, sind loyal und vertrauenswürdig. Dann sind sie produktiver, verbindlicher und schließen ihre Spiele/Projekte ab. Bringen die Dinge selbst zu Ende. Das Interesse am Wohlergehen der anderen nimmt zu. Zudem wägen sie ihre Möglichkeiten besser ab.

An besonders guten Tagen sind Sie welt- und sehr wortgewandt, extrovertiert, unbekümmert, ein Tatenmensch und planend im Denken, weniger materialistisch, können mit aufwendigen Projekten umgehen. Sie setzen sich für die Verbesserung der Welt ein. Wenn Optimisten sich sicher und geborgen fühlen, dann blicken sie nicht nur auf das Äußere, sondern gehen mehr nach innen und sind bereit, tiefere Erfahrungen zu machen, statt nur „Konsumerfahrungen". Sie werden dann ruhiger, gehen tiefer und werden objektiver. Sie gehen einer Sache mehr auf den Grund. Optimisten können dann besser gute und schlechte Seiten akzeptieren. Sie kommen in einem besseren Kontakt zu ihren Gefühlen.

Vor allem Selbstdisziplin schätzen sie höher ein. Sie werden ernster, und ernster genommen. Sie können sich zurückziehen und wieder neue Kraft schöpfen, sich ausruhen, sich von äußeren Reizen abschotten.

Mentalität 8: Der Skeptiker
(der Loyale, der Vertrauenssuchende)

Motivbasis

Der Skeptiker ist **erkenntnisorientiert** wurde mit ambivalentem, zum Teil fehlendem, Beziehungsmotivation blockiert.

„Es ist schwer anderen Menschen zu vertrauen (Erkenntnis), weil sie mich immer wieder enttäuscht haben und ich mich allein fühlte (Beziehung) anstatt beschützt zu werden (Dominanz)."

Der Skeptiker ist ein Zwillingscharakter. Phobisch sind stark beziehungsbeeinflusst, während kontraphobische stark dominanzbeeinflusst sind.

Die ersten Lebensjahre

In der Kindheit von Skeptikern haben sich Menschen ihnen gegenüber als *nicht* vertrauenswürdig oder zuverlässig erwiesen. Sie erlebten es, keine Unterstützung zu finden, die Angst mehr oder weniger ohne Schutz und Hilfe zu erleben, allein nicht zurechtzukommen. Sie wurden und fühlten sich vernachlässigt. Manche berichten davon, misshandelt, bestraft oder erniedrigt worden zu sein.

Skeptiker berichten oft von einem dominanten, schwierig einzuschätzenden Vater (Unberechenbarkeit, launenhaft). Die Mutter war eher gutmütig und unselbstständig. Machtlos gegenüber dem Vater und zugleich abhängig. Das hatte eine problematische Trennungsphase von den Eltern zur Folge. Anstatt auf das eigene Leben vorbereitet zu sein und sich selbst führen zu können, was Eltern ihren Kindern vermitteln sollten, erlebten die Kinder die Trennung als unsicher und unvorbereitet. Die Allianz mit den Eltern blieb unvollendet, was wiederum zur inneren Rebellion, passive Aggression, übergroße Sorgengedanken und/oder zu Zynismus führte, um das Dilemma aufzulösen.

Unter Umständen war ein Elternteil Alkoholiker (süchtig) bzw. suchtabhängig und fiel als elterliche Vertrauenspersonen mehr oder weniger aus. Ihre Eltern neigten zur Sprunghaftigkeit und Unberechenbarkeit. Meist war ein Elternteil eher kalt und hatte einen Hang zu Gewalttätigkeiten. Das haben Skeptiker mit den Kämpfern in ihren Kindheitserlebnissen gemeinsam.

Daher können Skeptiker Erwachsenen bzw. Autoritäten nicht vertrauen. Sie stellen sie durch starkes Hinterfragen oder eine kleine Rebellion auf die Probe. Man kann sich der Loyalität von Menschen nicht wirklich sicher sein. Es ist besser auf der Hut zu sein.

Ihr Zweifel entspringt dem Verlust von Glauben gegenüber Autoritäten (Eltern, Lehrer etc.). Als Kind reagierten Skeptiker mit Angst und Unsicherheit auf den Verlust einer beständigen Sicherheit der Essenz (menschlichen Seins) und damit begann die Beschäftigung mit ihrem Mutanteil.

In der (familiären) Umgebung blieb so manches unausgesprochen und unklar. Sie spürten aber, dass etwas in der Luft liegt. Es gab unter Umständen Familiengeheimnisse, über die nicht gesprochen werden durfte.

Skeptiker hatten oft ein inkompetentes Elternteil, meistens war es der Vater, der nicht immer gut mit seiner elterlichen Macht und Optionen umgegangen ist und in seinen Aktionen nicht zuverlässig und einschätzbar war. Daher haben sie schnell gelernt, das Verhalten von Erwachsenen vorauszusehen und zu erahnen, was kommen könnte. Hieraus entsprangen zwei Strategien, entweder rebellisch, gereizt zu reagieren, sich dem Kampf gegen die Auslöser der Unsicherheit zu stellen (rebellische Skeptiker) oder der Konfrontation auszuweichen und sich herzlich, loyal und pflichtbewusst zu geben (der ängstliche, phobische Skeptiker). Sie erleben ein Gefühl der Machtlosigkeit, wenn es darum geht, sich zu wehren. Niemand beschützte sie.

Sie hatten das Gefühl, gezwungen worden zu sein, zu früh erwachsen zu werden, bevor sie sich dazu reif fühlten, z.B. wenn ein Elternteil ausfiel.

Manchmal berichten Skeptiker von einem Geburtstraumata oder Missbrauch.

Als Kind sind *phobische* Skeptiker meist liebenswert, freundlich, verlässlich gewesen. Aber auch ängstlich, übervorsichtig, überall Gefahren witternd.

Oder sie reagieren gegenteilig, d.h. *kontraphobisch* (rebellisch), eigensinnig, schnell gereizt, um ihre Ängste und Befürchtungen zu besiegen.

Gern taten sie sich mit einem besten Freund/Freundin oder Elternteil zu einem Team zusammen. „Wir gegen sie." Generell such(t)en sie den Schutz in Gruppen oder bei Autoritäten (ängstliche Skeptiker). Oder stellten Autoritäten in Frage und lehnten sich gegen sie auf.

Die 12 Apostel eines Skeptikers

Identität

„Ich bin zuverlässig und liebenswert." Ich bin sehr sicherheitsorientiert und ein Wächter über die Einhaltung von Absprachen. Sie sind loyal und argwöhnisch (Misstrauen). Ihr Selbstkonzept lautet: Ich muss mich an die Welt anpassen und auf die Dinge achten. Ihre Grundwerte sind Sicherheit und Verlässlichkeit.

Innerer Konflikt (Kernproblematik)
Zweifel

Mit ängstlichen oder rebellischen Aktionen oder Aussagen, testen sie ihr Gegenüber auf Glaubwürdigkeit und Vertrauen. Ein Grund ist auch der eigene Mangel an Mut (Minderwertigkeitskomplex). Durch ihre „Philosophie des Testens und Vertrauensabfragen" berauben Skeptiker sich vieler Chancen, z.B. durch Überanpassung („Ich bin loyal.") oder Provokationen/Rebellion (feindselig: „Das werden die bereuen." „Da werde ich ihn mal testen."). Der Zweifel nährt sich selbst.

Loyale Skeptiker wagen nicht aus den Normen auszubrechen, auch wenn es nötig und manchmal sinnvoll wäre. Sie grübeln gern, machen sich Sorgen um die Zukunft. Rebellische Skeptiker testen wie Kämpfer (M6) gerne Grenzen aus.

Eine weitere Problematik ist die zehrende Angst, allein gelassen zu werden und nicht versorgt zu sein. Das bewirkt einen ständigen Wechsel zwischen einem Abhängigkeitsgefühl und Trotzhandlungen, die impulsiv und unbewusst gesteuert sind.

Sie verfolgen eine „als ob"-Strategie, um etwas auszuprobieren oder Situationen vorzubereiten. So ist man gut vorbereitet.

Die Hauptemotionen in einem Konflikt: Angst/Wut/Trauer

Sie fürchten Verrat, illoyales Verhalten und oberflächliche Denkweisen. Haben Angst, dass jemand, auf den sie sich verlassen, sich plötzlich abwendet. Aufgrund ihrer Erfahrungen sind Skeptiker geneigt, Autoritäten grundsätzlich in Frage zu stellen. Sie haben feine Antennen für widersprüchliches Handeln und Denkweisen. Daher entspringt auch ihr hoher Anspruch an Loyalität und ihre Skepsis.

Das erzeugt andererseits einen Mangel an Selbstvertrauen, weil ihre Aufmerksamkeit stark auf andere Personen und wie sie handeln gerichtet ist. Sie sind wenig trainiert, ihre Positionen und inneren Ressourcen einzusetzen, um mit Veränderungen und plötzlichen Herausforderungen umzugehen. Sie glauben nicht so recht daran, damit allein fertig werden zu können. Sie orientieren sich an anderen und geben die Führung und Entscheidungen an andere ab. Sie priorisieren eine externe Führung, statt ihrer internen Führung und Entscheidungsfindung zu vertrauen. In Folge haben Skeptiker wenig Vertrauen in ihre Urteile und Gedanken. Andererseits wollen sie aber nicht, dass andere über sie bestimmen und man sie bevormundet. Das wiederum macht sie latent sorgenvoll, grüblerisch und schreckt sie zunächst vor zu großer Verantwortung zurück.

Aufmerksamkeit

„Ich denke (zweifle), also bin ich." Oder: "Was wäre, wenn…?" Plus „Ja, aber…!", „Stimmt das auch…?" Sie bevorzugen einen zweifelnden Denkstil. Angst und Zweifel in vielen Variationen spielen in ihren Leben eine große Rolle. Das Schlimmste für sie ist ihre Angst vor der Angst (Metaangst). Entsprechend versuchen sie immer die Absichten anderer herauszufinden, um ihre Skepsis zu nähren oder zu beruhigen. Sie entdecken daher Widersprüche in den Aussagen anderer sehr schnell. „Das muss man erst einmal kritisch hinterfragen."

Vermeidungsverhalten

Normabweichungen und Risiken sind für Skeptiker problematisch. Daher sind sie sehr pflichtbewusst und umsichtig. Oder sie provozieren. Auf drohende Illoyalität wollen sie vorbereitet sein. Das führt zu einem latent vorhandenen skeptischen Denken, Fühlen und starkem Hinterfragen. So können sie nur positiv überrascht werden. Das ist besser als negativ überrascht zu werden.

Abwehrverhalten

Projektion: Sie neigen stark dazu, ihre eigenen Ängste auf andere zu projizieren (zu übertragen) und sind daher immer mit Misstrauen und der Suche nach Gefahren erfüllt. Mit der Projektion und Zuschreibung ihrer Ängste/Rebellion auf andere inklusive Rechtfertigung (suchen einen Sündenbock – der Andere ist Schuld bzw. der Auslöser), kompensieren sie ihre eigenen Ängste.

Bedürfnisse

Sie haben ein starkes Bedürfnis nach Geborgenheit, den Rücken gestärkt zu bekommen und nach zwischenmenschlichen Sicherheiten. Das gibt ihnen Mut, Selbstvertrauen statt Selbstzweifel.

Angriffsstrategie (Anspruch/Erwartungen)

Sicherheit und loyales Verhalten ist für sie ein hohes Gut. Hierin sind sie ein Vorbild und erwarten es auch von anderen. Ihre Welt ist in Ordnung und fühlt sich sicher an, wenn man macht, was von einem erwartet wird und Absprachen, Versprochenes eingehalten wird.

Sie bleiben sich, ihrer Familie (Gruppe), ihren Freunden wie ihren Überzeugungen treu und loyal. Sie kämpfen auch dafür, zum Teil sogar stärker für andere als für sich selbst.

Blindheit

Sie unterschätzen ihre eigene Macht, Mut und Entscheidungskraft. Sie bewerten dagegen die Motive und die Macht von anderen Autoritäten über.

Falle

Sie geraten in eine Sackgasse, wenn sie immer auf „Nummer sicher" gehen wollen. Sich dabei zu stark in eine Abhängigkeit ihrer Ängste, Eventualitäten und Vermutungen (Interpretationen) begeben, in dem Sie z.b. die Entscheidungen anderen überlassen, sich folglich zu stark an der Meinung anderer orientieren und damit ihre eigenen Denkansätze, Alternativen und Chancen zurückstellen.

Streitressourcen

Ist ihre Beziehungsfähigkeit und Verlässlichkeit. In einer vertrauensvollen Beziehung können sie wirklich wachsen. Sie wollen verstehen wie Menschen sind, mit wem sie es zu tun haben und wie diese Menschen strukturiert sind.

Skeptiker verfügen über eine enorme Ausdauer, Zuverlässigkeit und Einsatzbereitschaft/Engagement. Das sind für sie unverrückbare Pfeiler für Erfolg. Sie beachten dabei alle Details und gehen sehr methodisch vor. Sie bringen ein Projekt auch zu Ende. Sie legen enormen Wert auf eine gute Arbeit.

Sie müssen und wollen für ihre Leistungen nicht im Mittelpunkt stehen. Anerkennende Worte sind immer willkommen. Sie sind ausgesprochene Teamplayer. Sie sind hilfsbereit, engagiert, im positiven Sinne tolerant und legen Wert auf Zusammenarbeit.

Entwicklung

Durch Vertrauen und Stärkung der eigenen Selbstsicherheit, auch in ihrer Entscheidungsrichtigkeit, können sie ihre Ressourcen leben und selbstsicherer agieren. Dann sind Skeptiker entschlossen und mutig. Sie überwinden ihre Ängste und akzeptieren, dass man nicht auf alles vorbereitet sein kann. So vertrauen sie mit der Zeit mehr ihren eigenen Gefühlen und Intuition. Sie werden folglich mehr zu ihrer Meinung stehen und auch mutig aus dem Bauch heraus handeln. Sie sollten ihre Befürchtungen offen ansprechen. Reife/entwickelte Skeptiker finden ihre Sicherheit in sich.

Das wichtigste Entwicklungsziel ist, auf eigenen Füssen zu stehen und eigenen Entscheidungen und Analysen wie Wünschen (innere Führung) zu vertrauen.

Der Skeptiker ist positiv von Folgendem überzeugt:
- die Hintergründe und Motive einer Aussage zu erkennen
  und auch zu hinterfragen (Skepsis).
- Loyalität zu leben.
- Vertrauen durch Zutrauen auf dem Weg des Miteinanders
  zu entwickeln.

M8 – Führungsstil

Als Führungsperson sind sie als Skeptiker liebevoll, fürsorglich, haben ein ausgeprägtes Pflichtgefühl. Aber auch provokant, wenn Sie den Mitarbeitern nicht 100% vertrauen.

Mit einem skeptischen Charakter sind sie widersprüchlich. Sie erleben sich als stark und schwach, großzügig und kleinlich, als sicher und unsicher zugleich. Sie vertrauen ihren Mitarbeitern und machen sich doch viele Sorgen und wollen lieber alles absichern, auch durch Wissen. Sie ermutigen ihre Mitarbeiter, auch weil es ihnen als Kind selbst gefehlt hat und ängstigen sie zugleich. Der Mitarbeiter möge doch aufpassen und sich an die vorgegebene Linie halten und lieber nicht zu risikoreich agieren. Das sei zu gefährlich und sorge für Unsicherheiten.

Sie machen sich viele Sorgen, mehr als andere. Sie sind sehr beschützend und haben starke Probleme ihre Mitarbeiter oft loszulassen. Sie haben einen inneren Drang lieber zu kontrollieren, um das Gefühl des Misstrauens bestätigt zu bekommen oder es sich in Vertrauen auflöst. Zeigen sie ihren Mitarbeitern stattdessen, wie man in Gefahrsituationen richtig reagiert bzw. die Vorschrift richtig umsetzt. Das Leben stellt uns immer wieder Herausforderungen. Wer darin am besten trainiert ist, kann sie auch am besten bewältigen. Sie geben alles, um zuverlässig zu sein. Das erwarten Skeptiker auch von allen Teammitgliedern.

Sie führen ihre Mitarbeiter vorwiegend nach Ihren inneren Werten. Sie können tief in ihre Mitarbeiter und Mitmenschen hineinblicken.

Sie haben ein Problem „Nein" zu sagen und Grenzen zu setzen. Sie leben auch hier in der Polarität: bestimmen versus sich unterwerfen. Agieren sie am besten mit klaren Werten und Regeln. Die Bedürfnisse der Teams sind zu respektieren und umzusetzen (Pflichten).

Sie neigen stark dazu, die Dinge lieber selbst umzusetzen, statt zu delegieren. Das hat auch mit Ihrer Unsicherheit gegenüber anderen zu tun. Deshalb neigen Sie dazu, Hilfe anderer nicht (bzw. nicht sofort) anzunehmen, solange Sie sich der Person nicht sicher sind.

Sie erziehen mit Plänen oder Regeln. Sie brauchen Gewissheit und bringen ihren Mitarbeitern Verlässlichkeit bei. Sie zaudern, wenn kein Widerstand da ist und es (zu) gut läuft. Sie haben manchmal Angst vor dem Erfolg. Erfolg macht sie gegen sich selbst misstrauisch. Sie fangen an, Ihre Aktivität einzustellen und beginnen neu zu überlegen.

Sie neigen dazu, ihre Unzufriedenheit zu projizieren, d.h. auf andere Teammitglieder, auch auf ihre Mitarbeiter, stellvertretend zu übertragen. Sie setzen auch Druckmittel (überreden, nörgeln,...) ein, um zu ihrem Recht zu kommen.

Sie wollen wissen, was Andere denken, was Ihre Kinder denken. Sie sind sehr gern komplett informiert. Auch Einzelheiten sind wichtig.

M8 - Konfliktverhalten

In Konflikten können sie sehr nachtragend sein. Sie schweigen bzw. soziale Kontakte als Waffe einsetzen. Sie sprechen Konflikte bevorzugt indirekt an. Sie fürchten aggressive Handlungen und sind anderen Menschen gegenüber erst einmal misstrauisch.

Sie wollen in Konflikten schnell herausfinden, was der Andere wirklich will und in ihm vorgeht. Sie reagieren in Konflikten bzw. Problemen mit hintergründigen, detailorientierten Fragen eines Advokat Diaboli.
Das ist auch der Motor für das ständige Hinterfragen. Welche Absichten verfolgen die anderen bzw. die Autorität. Sie müssen wissen, mit wem sie es zu tun haben. Hierin liegt aber auch eine Chance, dass sie ihren Glauben an die Menschheit wiederfinden: Durch positive Erfahrungen, durch gute Vorbilder.

Eine andere Strategie ist es zu gefallen. Sie gehen dann auf andere zu. Sie tun das, um Autoritäten zu finden, die ihnen Schutz und Rückendeckung geben. Rebellische Skeptiker finden Autoritäten durch provozierendes Verhalten. Wer das aushält und standhaft bleibt, dem kann man vertrauen. Manchmal agieren sie auch mit einem Schuss Aggressivität. Sie fordern andere offen heraus.

Die typische „Ja, aber"-Haltung entsteht bei Konflikten oft durch ihre Zweifel und anzweifelnden Äußerungen. Sie beschweren sich über Ungerechtigkeiten und Regelverstöße oft bei anderen, nur nicht bei dem, der dies beheben könnte.

Wenn sie in der Auseinandersetzung den Boden unter den Füßen verlieren, dann reagieren sie mit Misstrauen und heftiger Abwehr. Konflikte kann ich bei rebellischen Skeptikern schnell auslösen, wenn ich zu detailliert sage, was sie zu tun haben. Wenn dazu das Selbstvertrauen angekratzt ist, dann sehen sie sich schnell als einen ewigen Verlierer.

Rebellische Skeptiker provozieren und ärgern gern beim Spielen. Sie können auch prahlerisch und kraftvoll, ein richtiger Macho sein. Dann sind sie weniger auf Bündnisse aus. Ängstliche Skeptiker meiden Gefahrensituationen, die anderen (kontraphobisch, rebellisch) suchen die Gefahr. Sie agieren vorsichtig. „Das muss ich mir noch mal durchdenken." Sie pflegen eine „Ja, aber…"-Kommunikation und das „Wenn…, dann…"-Hinterfragen. „Vorsichtshalber sollten wir bedenken…", „Nimm es sicherheitshalber mit.", „Hast Du daran gedacht, dass…" Aber auch: „Mir ist da noch was eingefallen…", „Wäre es nicht besser, wenn wir es so machen.", „Ich bin mir noch nicht sicher." Oder: „Einer muss es ja machen."

Eine latent misstrauische Grundhaltung macht sie unsicher und zögerlich. Das verstärkt ihre Ängstlichkeit, Grübelei und Skepsis. Das führt zu Handlungsverzögerungen. Sie überlegen im Konflikt lange, ob der Konflikt von ihnen angesprochen wird. „Soll ich in kritischen Situationen kämpfen oder flüchten?" Der Zweifel manifestiert sich zuerst in einem inneren Dialog. Der Selbstzweifel führt dazu, Entscheidungen hinauszuschieben. Die Kinder beginnen wie ein Schachspieler vorauszudenken. „Was könnte alles passieren?", „Welche Absichten verfolgt er?" Ihre Aufmerksamkeit sucht latent nach (nicht durchschaubaren) Hinterabsichten und Motiven anderer Menschen/Kinder, um hierin die Sicherheit zu finden, ob andere ihnen wohlgesonnen sind oder nicht. Folglich entwickeln diese Kinder eine hohe Beobachtungsfähigkeit und erkennen schnell und klar die Absichten anderer.

Fühlen sich Skeptiker schutzlos Anfeindungen bzw. unausgesprochener Kritik ausgesetzt, reagieren sie mit Fassungslosigkeit (besser: Bestürzung oder Befremden) und verlieren unter Umständen schnell die Fassung.

Sie richten sich gern Rückzugsmöglichkeiten ein, um in Ruhe nachdenken und lesen zu können. Das gilt auch für ihr Zuhause. Sich zuhause fühlen ist den Kindern sehr wichtig.

M8 - Stress-, Druckverhalten

Unter Stress/Druck reagieren ängstliche Skeptiker beunruhigt und voller (Selbst-) Zweifel und sind voller Zukunftssorgen. Rebellische Skeptiker reagieren voller Wut und/oder überhöhtem Selbstvertrauen als positive Provokation (Er: „Pass auf, den putze ich weg. Schaffe ich alles." Sie: „Is klar.")

Die Emotion der Angst soll/darf nicht auftauchen. Das zwingt sie, eine Strategie der scheinbaren Sicherheit zu wählen. Daher entwickeln sie eine Vorliebe zu nüchterner, kalt wirkender Logik wie bei einem Beobachter (M9). Sie spüren die fehlende Garantie, dass für sie gesorgt wird.

Skeptiker sind sehr selbstkritisch. Oft mit einem ganzen Komitee an inneren Kritikern, die auch bei Entscheidungen ihre „Kommentare" und Sorgen kommunizieren. Daher wissen Skeptiker oft nicht, was die beste Entscheidung ist. Ein Kreislauf des inneren Disputs des Zweifelns beginnt - des peniblen Hinsehens (zur Beruhigung der inneren Überzeugung und Sicherheit) oder die Rebellion beginnt.

Handlungen und Lösungen müssen immer klar, bedacht und strukturiert sein. Sie neigen aufgrund ihrer grüblerischen Neigung zum Aufschieben und zum Nichtfertigstellen. Es fällt ihnen schwer, Neues spontan anzupacken. Sie mögen es nicht, wenn es sie unvorbereitet trifft. Sie brauchen dann eine Auszeit (Bedenkzeit), über eine gute (sichere) Lösung und Entscheidung nachdenken. Keine Spontanaktionen und wilden Aktionismus.

Sie werden bei plötzlichen Veränderungen und Problemen starr und unflexibel. Zu Beginn sieht alles kompliziert aus, wenn das stressige Ereignis spontan eintrifft. Skeptiker neigen dann dazu, zu verkrampfen und die Konzentration zu verlieren. Diese selbst wahrgenommene Inkompetenz verstärkt ihre latenten Selbstzweifel und beschädigt ihr Selbstvertrauen, eventuell gepaart mit Minderwertigkeitskomplexen. Sie geraten stark unter Druck, wenn sie sich ihre Unsicherheiten nicht anmerken lassen wollen. Um die aktuellen Ängste und Minderwertigkeitsgefühle zu kompensieren, besonders wenn ihre Erststrategie der Projektion (Übertragungsstrategien ängstlicher Skeptiker) nicht wirkt, neigen sie zu Aktionismus und tun so, als könnte sie keine Herausforderung schrecken und als könnten sie alles leicht erreichen. Sie zeigen übertriebenes Selbstvertrauen (Strategie der rebellischen Skeptiker. Besonders gut bei schwierigen, verunsicherten Jugendlichen zu beobachten).

Fühlen sie sich überlastet (Erschöpfung), reagieren sie mit Selbstmitleid und Gereiztheit. Sie lassen aber kein Korrektiv (Beratung) von außen (zur Erholung oder Ratschläge) zu, denn sie wollen es schaffen, damit man ihnen nichts nachsagen kann.

Skeptiker verfügen in *sicheren* Zeiten über weniger Antrieb und wirken nachgiebiger. Sie haben das Gefühl, sie würden an Prägnanz und Schärfe verlieren.

Feste Rituale wie Termine, vertraute Aktionen, konkrete Pläne und Mut machende, animierende, rückenstärkende Menschen helfen enorm.

Sind sie auf kritische Situationen gut vorbereitet und trainiert, dann wachsen sie über sich hinaus und sind ein sehr guter Krisenmanager. Sie entwickeln in der Folge mehr Gelassenheit, strahlen mehr Ruhe und Zuversicht aus (innerlich gestärkt und bereit). Sie sind folglich bereit und mutiger, ein Risiko einzugehen.

Unter Druck können sie pausenlos arbeiten und gute Ergebnisse erzielen. Sie geben alles. Manchmal haben sie ein schlechtes Gewissen, weil sie dann Menschen der Pflicht wegen vernachlässigen.

In **Notsituationen** neigen sie dazu: ängstlich, übervorsichtig, herrschsüchtig, anmaßend, unvorhersehbar, defensiv, leicht paranoid, rigide, reizbar und sich selbst im Wege stehend zu sein. Sie schimpfen dann gern über andere (inkl. lästern) und beklagen sich, sehen sich gern als Opfer (zumindest der Umstände).

Aber auch unsicher, übermäßig anhänglich, unentschlossen, nicht festlegbar, vorsichtig, abhängig, voller Selbstverachtung, sich unterlegen oder verfolgt fühlend, sehr ängstlich, feige, sich irrational verhaltend, sich selbst Angstsituationen schaffend, selbstzerstörerisch, sich demütigend, masochistische Tendenzen zeigend, aggressiv, (anti-) autoritär, parteigängerisch, pessimistisch, skeptisch, 'Verlierertyp', Erfolgsangst, misstrauisch, sicherheitsbedürftig, ängstlich, argwöhnisch, zweifelnd, mit dem 'Schlimmsten' rechnend, zögernd im Handeln sein.

Sie agieren unter starkem Druck mit ständigem Abwägen (grübeln), bevor eine Entscheidung gefällt wird. Verstärkt wird das Grübeln durch ein geringes Selbstvertrauen, was u.a. dazu führt, dass manches aufgeschoben wird. Ihre Angst verlassen oder übervorteilt zu werden, wird stärker. Sie sind ständig in Sorge oder wittern Gefahren. Das laugt sie sukzessive aus und macht sie aggressiv. Sie halten dann stur an (ängstlichen oder rebellischen) Überzeugungen fest, „spielen den starken Max", lehnen sich gegenüber Autoritäten auf und trauen niemandem mehr über den Weg. Daraus kann sich im schlimmsten Fall ein (selbst)zerstörerisches Verhalten entwickeln. Hinzu kommt eine zu harte Selbstkritik, wenn etwas nicht gelingt. Das verringert das vorhandene Selbstvertrauen zusätzlich. Ihre Ängste nehmen Überhand, teilweise fühlen sie sich dann verfolgt. Sie erniedrigen sich selbst, um so andere zu beherrschen, um der Angst Herr zu werden.

Oder sie werden als Erwachsene zum Arbeitstier und vermeiden durch ihre Geschäftigkeit, sich mit ihren Angstgefühlen auseinander zu setzen. Sie vermeiden es auch, Neues anzufangen.

Um sich sicherer zu fühlen, schlüpfen sie in eine Rolle oder ziehen sich eine Maske über. Sie schwindeln, um etwas zu vertuschen oder um voranzukommen.

An **sehr dunklen Tagen** sind sie geneigt, sich mit Drogen, Fernsehen, Lesen, Essen oder Schlafen zu betäuben, um nicht ständig zu grübeln. In der Folge driften sie immer mehr ab und werden apathisch.

Traumatisierte Skeptiker zittern sehr schnell unter Belastungen.

M8 - Skeptiker in Friedenszeiten (Mentale Stärken)

An guten, normalen Tagen sind sie loyal, liebenswert, fürsorglich, warmherzig, mitfühlend, witzig, praktisch veranlagt, hilfsbereit, identifizieren sich mit Autoritäten/Institutionen, sind traditionalistisch, ein Organisationsmensch, pflichtbewusst, ambivalent, gehorsam-aufbegehrend, passiv-aggressiv und verantwortungsbewusst.

An sehr guten Tagen agieren sie mutig, selbstbewusst, vertrauen sich selbst und anderen, unabhängig, zugleich aber austauschend und kooperativ, anziehend und liebenswert, hingebungsvoll, schätzen Familie und Freunde, sind verlässlich, verantwortungsbewusst, setzen sich zum Wohl anderer ein, moralisch, hart arbeitend.

Ängstliche Skeptiker mögen ihre Treue (Familie, Freunde), ihren Arbeitseinsatz, ihr Verantwortungsbewusstsein, ihre Empathie, ihr Mitgefühl, ihren Witz und ihren Intellekt.

Rebellische Skeptiker mögen ihren Nonkonformismus, Gefahren mutig entgegengehen, ihre Direktheit und Bestimmtheit.

An besonders guten Tagen übernehmen sie Verantwortung, statt die Herausforderung wegzuschieben. Ihre Selbstsicherheit hat sich entwickelt und sie spüren es auch. Sie merken es daran, dass sie Ängste aussprechen und der Reihe nach durchgehen können. Dann akzeptieren sie ihre Ängste, ohne sich selbst dafür zu verurteilen. Eigene Gedanken haben mehr Freiraum und ihre Autoritätsgläubigkeit bzw. –misstrauen ist deutlich reduziert. Sie verfügen über mehr Vertrauen in andere Menschen, ohne sich unterzuordnen.

Sie vertrauen stärker ihren eigenen Entscheidungen. Sie beginnen, was ihnen zu viel ist, zu delegieren. Sie vertrauen mehr auf ihre innere Führung und Intuition. Sie können Lob annehmen und glauben daran, dass es auch ernst gemeint ist.

Sie haben in ihrer Kommunikation mehr Klarheit. Senden weniger missverständlichen Signale aus, die sonst zu Konflikten und Aggressionen führen würden.

Sie nehmen mehr das Positive wahr und glauben stärker daran. Fehler zu machen, macht ihnen dann weniger aus. Sie sind risikobereiter und spontaner. Sie können Pläne ändern, ohne sie hinterfragen zu müssen.

Sie verfügen über mehr Energie und nehmen das Leben weniger ernst.

Mentalität 9: Der Beobachter
(Der Geizige / Der Wissenssuchende)

Motivbasis

Der Beobachter ist **erkenntnisorientiert** wurde mit Erkenntnismotivation *überentwickelt.*

„Es ist von Vorteil viel zu wissen und zu beobachten (Erkenntnis), weil mein Wissen mir eine stetige Orientierung und Klarheit gibt."

Die ersten Lebensjahre

In der Kindheit spielte die Frage nach der eigenen Existenzberechtigung eine Rolle. Sie waren sich nicht sicher, ob sie in der Familie willkommen sind oder vor allem, so sein dürfen, wie sie sind.

Generell berichten viele Beobachter/Denker davon, sich in ihrer Familie unwohl gefühlt zu haben. Entweder weil sie emotional beherrscht wurden (Gluckenmutter und/oder autoritäre Eltern) oder weil sie das „fünfte Rad am Wagen" waren. Beides veranlasste sie in ihre eigene Welt der Gedanken zu fliehen. Zuerst gab es einen physischen Rückzug (eigenes Zimmer, Baumhaus, Höhle – geheimer Ort), dann einen psychischen (wenig Emotionen zeigen, wenig Kontakt zu anderen Menschen haben wollen). Sie verbrachten folglich viel Zeit mit sich selbst.

Familienmitglieder waren meist sehr aufdringlich und hochemotional, sodass sie sich innerlich, emotional verschlossen haben, um dem zu entkommen. Hierin haben sie eine Strategie der Distanz entwickelt, um sich diesen emotionalen Forderungen zu entziehen. Daher sind Beobachter gerne allein. Dadurch haben sie gelernt, sich ihrer Gefühle zu distanzieren, denn sie bekamen manchmal nicht genug Luft zum Atmen und wurden von der Mutterliebe und gezeigten Emotionen erdrückt. Daher neigen sie zum „Rückzug auf einen Baum", um in Ruhe zu lesen, endlich für sich zu sein. Sie zogen sich als Kind gern zurück und konnten sich gut mit sich selbst beschäftigen. Gern beobachten sie Menschen und Dinge und sammeln dadurch Informationen bzw. suchen nach eigenen Interpretationen.

Beobachter sind implizit sehr wissensdurstig und neugierig. Sie spielen gerne lernorientiert – allein oder mit einem Lernpartner. Sie sind gute, aufgeweckte, wissensdurstige Schüler. Sie fragen gezielt und denken gern eigenständig.

Gute Freunde sind ihnen weitaus lieber als viele Bekannte. Schon im Kindesalter haben Beobachter eher mit wenigen Kindern, ausgesuchten Kindern gespielt.

In ängstlichen und kritischen Situationen setzen sie gern ein Pokerface, eine unbewegte Mimik auf, was generell ihre Priorität ist – möglichst wenig Körpersprache zu zeigen.

Sie sind sensibel, empfindsam und meiden zwischenmenschliche Auseinandersetzungen. Konflikte sind viel zu emotional, zu unvernünftig, zu unsicher und zu wenig sachlich.

Manche Beobachter fühlen sich leicht emotional in eine Ecke gedrängt, überwacht oder ignoriert.

Die 12 Apostel eines Beobachters

Identität
„Ich bin klug und objektiv. Ich weiß viel." Sie sind sehr erkenntnisorientiert. Sie sind ein guter, ausdauernder und aufmerksamer Beobachter. Sie haben eine philosophische, nachdenkliche Ader.

Wichtige Werte sind für sie Wissen, Spezialisierung, Sachlichkeit, emotionale Distanz (differenzierte Wahrnehmung der Umwelt) und Objektivität. Sie wollen alles erforschen und genau wissen, warum es so ist. Sie fragen gern: „Warum ist das so?"

Innerer Konflikt (Kernproblematik)
Geiz
Sie fragen sich: „Wie viel Zeit und Aufwand muss ich aufwenden?" Sie entwickeln einen gewissen Geiz mit Wissen und Kontrolle umzugehen. Der Geiz bringt sie dazu, ihre Talente und Ressourcen zu horten, damit sie sich ihre Unabhängigkeit bewahren können. Meine Informationen bekommt nicht jeder. Die behalte ich erst einmal für mich und schweige…und setze mein Lächeln des Wissens auf.

Zudem fällt es ihnen schwer, sich mitzuteilen, anderen etwas zu geben, besonders wenn sie die andere Person oder Gruppe unsympathisch oder gar als dumm betrachten. Warum etwas vom Wissen erzählen, wenn es sowieso nicht fruchtet?

Sie halten sich lieber am Rande einer Gruppe auf. Die Welt ist doch so aufdringlich. Das führt dazu, dass sie sich ungern helfen lassen. Das empfinden sie auch als aufdringlich. „Danke für das Angebot, ist aber nichts für mich." Und sie gehen auf Distanz.

Die Hauptemotionen im Konflikt: Angst/Scham

Alles Unbegreifliche, nicht Beherrschte macht ihnen Angst. Es ist ihnen buchstäblich unbegreiflich, wie man so sein kann, so reagiert bzw. agiert. Können sie das nicht einordnen, dann neigen Beobachter dazu, zu interpretieren, fantastische, z.t. abstruse Theorien und Aberglauben zu entwickeln.

Unter den neun Charakteren sind Beobachter am sensibelsten, introvertiertesten, kreativsten, intellektuellsten und gelegentlich am egozentrischsten, weil sie konsequent und egofixiert ihren eigenen Gedanken folgen (like Sherlock Holmes).

Aufmerksamkeit

Sie denken sehr häufig über ihre Ängste und vor allem Anforderungen von außen nach. Davor haben sie am meisten Angst, inkl. dass ihre Gedanken und Arbeiten als wertlos angesehen werden (Das macht sie richtig wütend: „Diese Dummköpfe!").

Sie erforschen sogar den Ursprung ihrer Angst. Im Gegensatz zum Perfektionisten denken sie induktiv, d.h. Sie sammeln zuerst Fakten und achten auf Details, um daraus eine (wissenschaftlich untermauerte) Theorie zu entwickeln.

Vermeidungsverhalten

Ihre innere Leere „besiegen" sie durch Wissensdurst. Das Wissen hilft ihnen, sich in der Welt zurechtzufinden und zu verstehen. In der Welt ihrer Gedanken fühlen sich Beobachter sicherer. Sie sind wenig praktisch veranlagt.

Zudem vermeiden sie es, etwas von sich preis zu geben und sich mitzuteilen, besonders wenn es um das Thema Gefühle und Emotionen geht.

Abwehrverhalten

Ihre Angst wehren sie **mit Hilfe von** Isolation und Rückzug ab. Sie ziehen sich dann aus der realen, emotionalen, unruhigen Welt in ihre Privatsphäre und Ihre eigenen Gedanken zurück. Sie kommen aber nach einer gewissen Zeit wieder heraus, da sie die Welt ja verstehen wollen. Aber dauernd allein sein, ist auch nicht gut für sie. Das macht sie für andere zu exzentrischen Außenseitern.

Grund ist, dass in der Trennungsphase (2-3 Jahre) das Kind nicht gelernt hat, unabhängig zu sein. Es wurde zu sehr emotional (Fürsorge) oder durch autoritäre Normierungen beherrscht. Einzige Chance: Rückzug in die eigene Fantasie. Aufgrund dessen empfinden Beobachter eine (starke) Abneigung gegenüber engen Gefühlsbindungen. Mit der Folge: Beziehungen sind nur schwierig lebbar und sie bleiben zwischen den Partnerschaften oft allein. Obwohl sie andererseits eine Fantasie über eine gute Partnerschaft haben. Nur ist es der Gedanke, der aufgrund fehlender Emotionalität schwer umsetzbar ist. Ich brauche Gefühle und emotionale Kommunikation, um in einer Beziehung leben zu können. Das äußert sich darin, über Beziehungsthemen nur schwer reden zu können.

Das macht sie zu (kreativen, knorrigen) Einzelgängern bzw. Eigenbrötlern, u.U. mit provokanten und extremen Ansichten. Manchmal bizarr, unsozial und z. T. anarchistisch vorgetragen. Das verprellt andere und man geht Ihnen aus dem Weg („Den versteht keiner. Komischer Typ mit merkwürdigen Ansichten").

Im Gegensatz zum Individualisten, der als Außenseiter zugleich gesellschaftlich akzeptiert sein will, macht es ihnen wenig aus, mit ihren (unabhängigen) Ansätzen allein zu sein.

Bedürfnisse

Sie haben ein ausgesprochenes Bedürfnis, die Welt zu verstehen und zu ergründen. „Ich brauche Freiraum, um nachzudenken und eigene Energien aufzutanken." Sie haben ein starkes Bedürfnis nach Privatsphäre und tieferem Gedankenaustausch.

Angriffsstrategie (Anspruch/Erwartungen)

Wissen ist Macht. Die Wirklichkeit durch reine Vernunft zu erfassen. Allwissenheit inspiriert sie vom Stamme der Denker. Sie nutzen ihr Wissen, um Menschen besser anschauen zu können. Ihr Wissensdurst kann sich auf alle Themen beziehen: Politik, Technik, Musik, Literatur etc. Das Wissen setzen sie gnadenlos im Konflikt sachlich, weitgehend nicht emotional, mit wenig Mimik ein. Dadurch zeigen sie deutlich ihre Macht und ihre Verachtung gegenüber starken Emotionen, die Menschen im Streit nur auf den falschen Weg führen und die Vernunft und das hoffentlich vorhandene Wissen blockieren. Sie können ein Streitgespräch mit Blick in ein Buch führen, ohne die Beteiligten anzusehen. Ihr Wissen und ihr exaktes logisches Vorgehen ist so scharf wie ein geschliffenes Schwert. Sie setzen eine geschliffene Rhetorik ein. Ihr messerscharfer Verstand nutzt Logik (geistige Sinneskraft) wie ein Kämpfer sein Schwert (körperliche Kampfkraft).

Blindheit

Sie sind häufig *blind für die emotionalen* Bedürfnisse ihrer Mitmenschen, besonders wenn es sich um bindende Bedürfnisse handelt. Zudem sind sie sich ihres inneren Reichtums nicht im Ganzen bewusst. Rationalität und Fachwissen sind ihnen wichtiger als zwischenmenschliche Kontakte. Trotzdem besteht zwischenmenschlich der zwillingshafte

Wunsch zwischen Eigenständigkeit und Intimität, trotz der großen Probleme, Gefühle zulassen zu können. Wird hierin keine Balance gefunden, treibt „der verlorene Glaube an die Liebe" sie in die Isolation und Selbstzerfleischung.

Falle

Alles analysieren zu wollen und Wissen / Studien / Analysen überzubewerten. Sie werden geizig in ihrer Kommunikation, wenn sie sich unsinnig bedrängt fühlen. „Was wollen Sie von mir?" Dann grenzen und wenden sich Beobachte zu stark von den Mitmenschen ab. Entwickeln eine latente „Verweigerungshaltung" und Selbstbezogenheit.

Ihr Dilemma besteht darin zu verstehen, dass ihr Wissen allein ihre Unsicherheiten nicht verändern wird. Sie versuchen das Leben zu ergründen, ohne es zu spüren bzw. zu erleben, wie in einem Elfenbeinturm. So wird alles zu einem Gedankenspiel, wie ein Computerspiel. Ihre erlebten Erfahrungen werden zu abstrakten Ideen und Erkenntnissen. Alles wird bewusst verarbeitet und kategorisiert.

Streitressourcen

Ihre große Stärke ist ihre detaillierte Beobachtungsgabe, ihre herausragende Vorstellungskraft und ihr geschickt logische Argumentationsstrategie. Ihnen entgeht nur sehr wenig. Ihre ruhige und leise Unscheinbarkeit und ihr Wissensdurst machen sie zu guten „Geheimdienstlern" und Forschern.

Entwicklung

Durch Weisheit und Nicht-Anhaften können sie sich weiterentwickeln. Gehen sie auf andere Menschen zu. Sie müssen lernen, sich mit dem Thema Gefühle auseinanderzusetzen. Haben sie ihre innere Freiheit gewonnen, dann können sie sich auf Menschen einlassen. Erlauben sie sich, ihre Gefühle wahrzunehmen. Mit ihrer Dominanzenergie sollten sie sich zeigen und tatkräftig handeln. Dann treten sie aus ihrer Gedankenwelt heraus. Entwickelte Beobachter können sich auf andere Menschen einlassen. Dann sind ihre Beziehungen offener, gefühlvoller und vertrauensvoller. Sie gestatten mehr Einblicke. Sie treten dann auch energischer auf, zeigen mehr Profil und gewinnen an Einfluss. Sie wissen, dass Ziele nicht nur auf der Sachebene zu erreichen sind. Sie können sich dann besser auf andere einstellen.

Der Beobachter ist positiv von Folgendem überzeugt:
- zum Wissen die Weisheit zu erkennen (Wissen ist Macht).
- die Dinge mit Details und Tiefgang zu erforschen.
- Gefühlen allein nicht zu trauen.
- sich auf sich selbst zu verlassen und diszipliniert zu sein.

M9 – Führungsstil

Sie pflegen einen Erziehungsstil mit Ruhe, Verlässlichkeit und Sachlichkeit. Mit wenig Gejubel und hohen Emotionswellen. Denn sie können aus Selbstschutz sehr intolerant auf Gefühlsausbrüche reagieren. Sie fühlen sich leicht manipuliert, besonders, wenn Emotionen im Spiel sind.

Sie pflegen einen Führungsstil der ruhigen Hand und vernünftigen Agierens auf Basis detaillierter Analysen. Sie erwarten gute intellektuelle Leistungen und Wissen. Sie mögen ruhige und fleißige Mitarbeiter.

Als Führungsperson tun sie alles für Ihre Mitarbeiter. Sind oft einfühlsam und liebenswürdig. Aber auch autoritär und fordernd. Sie sind sehr offen für Neues, fördern den Fortschritt und wirken dabei inspirierend auf Andere.

Führungsprobleme ergeben sich aus Ihren unterentwickelten zwischenmenschlichen Fähigkeiten. Sie teilen sich zu wenig mit und wirken herablassend (arrogant) und zu bestimmend. Dadurch wirken sie unter Umständen auf ihre Teammitglieder motivationsdämpfend.

Ihre Führungsqualität lässt sich nur soweit verwirklichen, wie zwischenmenschlich-kommunikative Fähigkeiten ausgebaut werden können und sie das Gelernte beherrschen.

Alles besprechen Beobachter hinter verschlossenen Türen. Niemals führen sie Besprechungen etc. bei offenen Türen durch.

Sie mögen es nicht, wenn die Diskussionsinhalte plötzlich wechseln und erstarren dann mental. Sie mögen keine endlosen, nutzlose und wiederholende Diskussionen mit ihren Mitarbeitern.

Sie wirken auf Menschen, die eine gute Beziehungsebene brauchen, eher eiskalt, unterkühlt und im emotionalen Kontakt frustrierend. Sie wissen dann nicht, ob sie bei Ihnen Willkommen sind oder nicht.

M9 - Konfliktverhalten

Probleme werden von ihnen *grundsätzlich* sachlich mit möglichst wenig Emotionen und Mimik gelöst. Dabei gehen sie sehr kooperativ, analytisch-strategisch, diszipliniert und ausdauernd vor. „Wollen wir doch mal sehen, worum es (wirklich) geht?" Dabei agieren sie gerne wie Inspector Columbo. Sie widmen sich einer Sache sehr ausgiebig und tiefgehend. Mit scharfen Beobachtungen verfolgen sie das Geschehen um sich herum und denken darüber nach. Damit trainieren sie frühzeitig ihren sehr guten analytischen Verstand.

Ihr Redestil ist eher schweigend, leise und in Abhandlungen sprechend, unter Umständen langatmig und monoton. Sie sprechen oft sehr leise, manche auch nuschelnd. Sie sprechen sachlich, in sich sprechend und ohne persönlichen Ton. Möglichst sauber und emotionslos. Dadurch entsteht der Eindruck von Desinteresse, weil die persönliche Note fehlt und die anderen empfinden dies als unangenehm und passiv. Das fällt den Kindern meist überhaupt nicht auf, denn sie sehen Distanz als eine Form von Respekt.

Typische Aussagen sind: „Lass mich in Ruhe (nachdenken).", „Mache das mal alleine.", „Wenn Du Dich dafür interessierst, dann kannst Du das da nachlesen.", Warum Menschen sich so aufregen.", „Dazu kann ich nichts sagen, da schaue ich lieber noch mal nach.", „Mit höchster Disziplin…", „Nach reiflicher Überlegung…"

Sie können mit den Erfahrungen und ihrem Wissen sehr schnell voraussagen, wie es enden wird. Sie sind der Charakter unter den neun Charakteren, der Problematiken immer sehr nüchtern und unabhängig analysieren kann und wird. Oft mit erschreckender, nüchterner Klarheit, Wissen und Präzision. Sie sind der unabhängigste Charakter unter allen. Sie nehmen Konflikte und Kritikpunkte am wenigsten von allen Charakteren persönlich, sondern rationalisieren sofort die vorgetragenen Punkte.

Sie werden in starken Konflikten emotionaler durch aggressive Aussagen. Machen deren Überzeugungen lächerlich, verteilen bissige Bemerkungen, werden zynisch, biegen sich ihre Fakten zurecht, nehmen extreme Argumente ein (provozieren und schockieren). So schaffen sie Distanz! Kommt es zu keinem Konsens, verfolgen sie ihre Ansichten und Ziele rücksichtslos und aggressiv.

Sie mögen also kein Umfeld, das emotional ausgerichtet ist. Sie neigen dazu, Gefühle zu dämpfen. Gefühlsäußerungen fallen denkenden Kindern sehr schwer. Das könnte ihre Objektivität, Rationalität und Drang nach Weisheit negativ beeinflussen. Emotionale Ausbrüche machen Beobachter ratlos und sie sind unter Umständen peinlich berührt über so viel Animalischem im Menschen, und das im 21.Jahrhundert. Dem begegnen Beobachter mit geiziger Kommunikation und Versachlichung.

Sie bevorzugen vertraute Situationen. Sie misstrauen den meisten Menschen, besonders wenn diese Menschen Macht über sie besitzen. Machtkämpfe entstehen, wenn man sein Wissen anzweifelt. Sie mögen im Konflikt keine endlosen Diskussionen und Streitereien.

Sie tun sich schwer mit persönlichen Mitteilungen, wirken deshalb sehr reserviert und unnahbar. Man spricht von einem „Ich-Geiz". Sie sind sehr geizig mit emotionalen Aussagen.

Sie sind sehr sensibel und empfindsam und meiden daher zwischenmenschliche Konflikte. Auch in Konflikten kommt man nur schwer an Beobachter heran. Das ist niederschmetternd für Menschen, die Kontakt und Kommunikation brauchen.

Sie mögen die Einfachheit, die Einsamkeit, die Distanz und ihre Ruhe. Sie kontrollieren sich und ihre Gefühle mit einem introvertierten Stil. Das findet seinen Ausdruck in wenig Mimik und körperlichem Agieren. Sie haben auch nicht unbedingt das Bedürfnis, ihre Gedanken mitzuteilen. Sie lieben es, heimlich zu beobachten. Mäuschen zu spielen. Daher die Charakterbezeichnung „der Beobachter".

Sie haben Angst, vereinnahmt zu werden! Müssen sie mit Menschen öfters zusammen sein, dann reagieren sie mit Rückzug in ihre Gedankenwelt und blenden ihre Umgebung aus. Es entsteht die Gefahr des sich Abkapselns. Gelingt es den Kindern, sich nicht abzukapseln, reagieren sie mit distanzschaffender Arroganz. Sie machen schnell zu und sagen nichts mehr, wenn der Eindruck entstanden ist, dass man sie nicht würdigt oder missverstehen will.

M9 - Stress-, Druckverhalten

Beobachter geraten unter Stress/Druck, wenn man ihnen emotional zu Nahe tritt, es zu ungenau und zu allgemein wird. Das gleiche gilt, wenn man zu viel Spontanität von ihnen abverlangt. Sie hassen Improvisationen und spontane Reaktionen.

In emotional schwierigen Situationen wird die Aufmerksamkeit auf die Beobachterposition gelegt und sie gehen innerlich auf Distanz. Sie rationalisieren ihre Gefühle. Umso höher der Druck, umso mehr Zeit benötigen sie. Sie segmentieren und suchen nach sachlich guten unkonventionellen Lösungen.

Zudem geraten sie unter Stress, wenn sich das Gefühl innerer Leere einstellt und sie Existenzängste empfinden. Dann entwickeln sie eine hektische Aktivität (z.B. ausuferndes Pläneschmieden, Fantasieren/Luftschlösser werden gebaut), nur um ihre Leere zu füllen.

Sie vernachlässigen unter Stress ihren Körper noch mehr: noch weniger Bewegung, arbeiten die Nächte durch mit noch mehr Süßigkeiten, Zigaretten etc.

Sie wirken unter Stress gelegentlich arrogant, tyrannisch und wirken sehr mürrisch und würden am liebsten verschwinden. Sie fordern Ihre Ruhe und Privatzeit ein, flüchten ins Alleinsein, um Ihre Energien auftanken zu können.

Sie können sehr schnell analysieren, wie viel Energie es kostet ein Ziel zu erreichen. Ist ihnen der Aufwand zu hoch und steht in keinem Verhältnis zum Gewinn lassen sie das Ziel sofort fallen. „Bringt nichts!"

Sie neigen dazu, über ihre Gefühle nachzudenken und zu beherrschen, statt sie auszuleben. Für komplexe Situationen müssen sie sich gedanklich vorbereiten. Sie sind langsam, haben ein langsameres Zeitgefühl. Sie entwickeln Handlungspläne und Checklisten.

Sie können sich in Gegenwart anderer schlecht konzentrieren. Sie machen gern die Tür zu.

In Notsituationen neigen sie dazu überheblich, geizig, stur, distanziert, kritisch, nicht durchsetzungsfähig, sehr zurückgezogen, isoliert von der Realität, nihilistisch, zynisch, feindselig, sich gegen Bindungen wehrend, exzentrisch und verschroben zu sein.

Sie haben unter Stress Schwierigkeiten, eigene Gedanken klar ausdrücken zu können. Sie haben seltsame Ideen und sind negativ eingestellt. Sie werden dann unberechenbar, impulsiv, kopflos, zerstreut, sie lassen sich gehen, haben ein schlechtes Benehmen. Sie schlafen schlecht mit gelegentlichen Alpträumen. Sie sondern sich noch mehr ab und gehen auch auf keine Hilfsangebote ein.

M9 - Beobachter in Friedenszeiten (Mentale Stärken)

An guten, normalen Tagen sind sie analytisch veranlagt, ausdauernd, empfindsam, klug, objektiv, tiefblickend, spezialisieren sich, sind weniger distanziert, wollen in nichts verwickelt werden, 'unsichtbar' bleiben, sind selbst kontrolliert, unvoreingenommen, abstrakt die Realität interpretierend, lesen gern und viel, schaffen sich ein Theoriegebäude über das Leben, unabhängig, oft alleine glücklich und sind selbstgenügsam.

An besonders guten Tagen zeigen sie folgende Eigenschaften: tiefes Weltverständnis, Visionär, entdecken Neues, Anlagen zur Genialität, gute Beobachtungsgabe, weise, erfindungs- und ideenreich, tatkräftig, wissensdurstig, voll Interesse an den Menschen und der Welt, gute Zuhörer, innovativ, den Fortschritt vertretend, mutig, freiheitsliebend, unabhängig, nicht wertend und humorvoll.

Ihre ruhige Ausstrahlung in kritischen Momenten die Ruhe zu bewahren und das Leben objektiv betrachten zu können, wird von vielen geschätzt. Das innere Gefühl integer zu sein; das zu tun, was sie für richtig halten. Sie sind gründlich, logisch, entscheiden methodisch. Dabei sind sie dennoch schnell und sind deswegen oft ungeduldig bei Gruppenentscheidungen.

In sicheren Beziehungen sind sie liebenswürdig, einfühlsam, offen, vertrauenswürdig und unabhängig.

Literatur

Bauer, Joachim: Warum ich fühle, was du fühlst, Heyne, 2006

Bauer, Joachim: Wie wir werden, wer wir sind, Blessing Verlag, 2019

Friedmann, D/Fritz, K.: Denken, Fühlen, Handeln, München 2004

Gruhl, Monika: Das Enneagramm - Strategien für die eigene Entwicklung, Freiburg im Breisgau, 2008

Hagen, Steve: Buddhismus kurz und bündig, München 2000

Hüther, Prof. Dr. Gerald: Die Macht der inneren Bilder, Göttingen 2004/2008

Hüther, Prof. Dr. Gerald: Biologie der Angst, Göttingen 2007

Hüther/Krens: Das Geheimnis der ersten neun Monate, Beltz, Taschenbuch, 2009

Hüther/Michels: Gehirnforschung für Kinder, Kösel, 2009

Hüther/Nitsch: Wie aus Kindern glückliche Erwachsene werden, GU-Verlag 2009

Kegan, R.: Die Entwicklungsstufen des Selbst, München 1986

Naranjo, C.: Erkenne dich selbst im Enneagramm, München 1994

Naranjo, C.: Enneatypes in Psychotherapy, Prescott, Arizona, 1995

Palmer, Helen: Das Enneagramm in Liebe und Arbeit, München 1995

Palmer, Helen: Das Enneagramm im Beruf, München 2000

Rohr, R. u. Ebert, A.: Das Enneagramm, München, 1989, S.200 – 207

Roth, Prof. Dr. Gerhard: Persönlichkeit, Entscheidung und Verhalten, Stuttgart 2007/2008

Heiko Hansen

Coach | Trainer | Mediator | Profiler

www.talenthaus.de   www.heikohansen.de
www.mentaldynamic.info   www.mentalsoccer.de

Berufliche Tätigkeit & Erfahrungen:

- Coach, Trainer, Mental Dynamic Profiler und Mediator
- Fachbuchautor
- Bildungsreferent DLRG Schleswig-Holstein
- Trainer und Mentalcoach im Profi- und Leistungssport
- MiD Ausbilder (ViQ® Sport, PST®), MeD Motivdynamic Test SPORT

Schwerpunkte und Referenzen:

Profi- und Leistungssport:

- Mental-, Führungs- und Teamtraining
- Analysen Mental/Motiv Dynamiken (Sportler, Trainer, Team)
- Mental Soccer® Konzeptionierung und Mentaltraining in diversen Nachwuchsleistungszentren: VfL Wolfsburg, Fortuna Düsseldorf, FC Ingolstadt 04, VfL Bochum
- Universum Box Promotion (2206-2012/ZDF/PRO7, diverse Weltmeister- und Europameisterschaften, Deutsche Meisterschaften)
- Profi-Vereine / Fußball: Mainz 05 (Thomas Tuchel inkl. Euro-League-Qualifikation), FC Ingolstadt 04, VfL Bochum, Hamburger SV (Relegation gg. Karlsruher SC)
- Hamburger Fußball Verband eV, Golf Club Altenhof eV, Bund Deutscher Fußball Lehrer (BDFL), Schleswig-Holsteinischer Tennis-Verband etc.

Personal & Führung:

- Führungskräfteentwicklung, -coaching und -training
- Analysen der mentalen impliziten Dynamiken (Sportler, Trainer, Team) / Persönlichkeitstestungen
- Konfliktmanagement / Mediation
- Teamentwicklung und -coaching
- Aufmerksamkeitstraining / Life-Work-Balance
- DESY Hamburg, Pelz GmbH, LINPAC Plastics GmbH, Lekkerland, In-Time Logistik, SPAR Handels AG, ASB Bundesbildungszentrum und ASB Unternehmen, Johanniter Unfallhilfe, diverse Behörden und Stadtverwaltungen

Aktuelle Themen & Projekte:

- Entwicklung „Leistungspädagogik" und Mentales Leistungszentrum Wirtschaft inkl. Ausbildung zum Leistungspädagogen
- Entwicklung von diagnostischen Reports: MiD (ViQ® Sport / Schule und Beruf) sowie MeD Motivtest SPORT / PERSONAL /ERZIEHUNG
- Mitglied in der Akademie für Potentialentfaltung (Prof. Dr. Gerald Hüther), BVMW und in der Deutschen Stiftung Mediation

Aus- und Weiterbildung:

- Diplomsozialpädagoge (FH Kiel)
- Mediator (Brückenschlag eV / Uni Lüneburg)
- WingWave Coach (Besser-Siegmund-Institut, Hamburg)
- Hypnose-Ausbildung (Milton-Erickson-Institut Hamburg / MEI)
- NLP-Practitioner (DGNLP, Jürgen Leistikow)
- ViQ / PST Profiler, PRO9 Motiv-Profiler und Entwickler
- TMS-Berater (Teammangementsystem TMS)

Die KONFLIKT DNA

Wie Mentalitäten unsere Konflikte verdeckt aktivieren und steuern

Verrückt! Wir streiten uns, um dies und das. Unsere Vernunft steht oft als Verlierer da. Aber warum ist das? Unsere eigene DNA will es so. Zum einen mag unser Gehirn Problem und sucht dann nach Lösungen, zum anderen bildet sich in den ersten fünf Lebensjahren eine 90% stabile Konfliktmentalität, die wir im Leben nur minimal verändern.

Neben einem Motivtest (Motivationen, Regulatoren und Mentalitäten) über neun Konfliktmuster und -strategien wird die verdeckt agierende Konflikt-DNA neurobiologisch beschrieben und ein praxiserprobter Weg zur Konfliktbewältigung aufgezeigt.

Ein Praxisbuch für jeden von uns, aber auch für Mediatoren, Konfliktmanager, Führungspersonen und Trainer.

www.bod.de/buchshop / 19,00 € / 264 Seiten, Format Din A5, Paperback

In jedem Leistungssektor sind Talente wie Goldstücke. Schwer zu finden und stark umworben. Jeder von uns ist talentiert und aus innerer Leidenschaft heraus zur Leistung motiviert. Im Beruf, wie auch im Sport, sichern sehr gut ausgebildete Talente mit Mentalität und Leistungsstabilität den Erfolg. Trainiert durch erfahrene Ausbilder und Trainer.

Cleveres Talentmanagement ist entscheidend! Mit dem neuen Ausbildungskonzept der LEISTUNGSPÄDAGOGIK wird der WAY of TALENT im Detail beschrieben. Mentale Leistungssteuerung, soziale Kompetenzen und ein wirksames Selbstkonzept sind das Fundament für die Talententfaltung. Und: brennt bei einem Talent die innere Leidenschaft, sind Höchstleistungen keine Seltenheit.

Erkenntnisse der Wissenschaft, u.a. Neurobiologie, verbinden sich mit täglichen Praxisanforderungen. Leistungskomponenten wie Disziplin, Mentalität und Selbstverantwortung kombinieren sich zu einem konsequenten Talentförderplan - von der U10 bis zum Profi! Zehn leistungspädagogische Akzente werden mit Profi-Erfahrungen in Form von Interviews und Gastbeiträgen aus Beruf und Sport abgerundet.

Ein Buch für alle Verantwortlichen, die sich täglich mit der Ausbildung von Talenten intensiv beschäftigen: Ausbildungsleiter und Ausbilder in Unternehmen, sportliche Leiter und Trainer in den Nachwuchsleistungszentren und Vereinen/Verbänden und innovative Pädagogen.

www.bod.de/buchshop   34,90 Euro / 288 Seiten   / Format: Din A4